GÜTERSLOHER
VERLAGSHAUS

Dietrich Bonhoeffer
Italienreise 1924

Gütersloher Verlagshaus

Inhalt

Einleitung
von Fulvio Ferrario

Dietrich Bonhoeffer 1924.

Dietrich Bonhoeffer ist dreimal in Rom gewesen. Gut dokumentiert – und zwar in den Texten, die wir hier vorlegen – ist nur die erste Reise, die im April und Juni 1924 in Begleitung seines Bruders Klaus stattfand. Die zweite Reise, in Begleitung von Eberhard Bethge, fand Ende August / Anfang September 1936[1] im Anschluss an eine Reise in die Schweiz zu einem ökumenischen Treffen statt; vom 3. bis 10. Juli 1942[2] reiste Bonhoeffer mit seinem Schwager Hans von Dohnanyi nach Rom. Zweck der Reise: Geheimgespräche zur Kontaktaufnahme zwischen gegen Hitler Verschworenen um Admiral Canaris und der britischen Regierung unter Vermittlung des Vatikans.

Die Reise von 1924 ist in mehrerlei Hinsicht interessant. Die erhaltene umfangreiche Dokumentation wirft Licht vor allem auf die Begegnung des künftigen Theologen mit dem römischen Katholizismus: gewiss das Element, das besonders deutlich hervortritt. In zweiter Linie sehen wir uns einem interessanten Zeugnis der Kultur- und Mentalitätengeschichte gegenüber: ein jugendlicher Vertreter einer großbürgerlichen Welt, der die Katastrophe von 1918 überstanden hat und die Wirklichkeit in der Perspektive der großen deutschen Kultur des 19. Jahrhunderts betrachtet, die stark vom nicht speziell kirchlichen Protestantismus (dem *Kulturprotestantismus*) geprägt ist; zugleich legt dieser 18-Jährige, der erst zwei Semester

1. Außer einem Hinweis in DB, S. 627, aufgenommen in die »Zeittafel« im Anhang von DBW 14, S. 1047, gibt es zu dieser Reise keine Briefe oder anderen Dokumente; sie wird aber in zwei Briefen aus dem Gefängnis – vom 15. Dezember 1943 und 23. Januar 1944 – (vgl. DBW 8, S. 232 und 293) erwähnt.

2. DB, S. 867; Zeittafel in: DBW 16, S. 726. Von dieser Reise gibt es ein fingiertes Tagebuchfragment, das B. unmittelbar vor seiner Haft im Februar-März 1943 erstellt hat, um die Untersuchungen betreffend ihn und von Dohnanyi auf die falsche Spur zu führen: DBW 16, S. 391 – 394, zu Rom S. 393 f. Die politischen Konsequenzen der Reise sind in englischen Quellen dokumentiert, besonders von Seiten des englischen Freundes von Bonhoeffer, Bischof George K. A. Bell, Bischof der Church of England: DBW 16, S. 327 – 339.

Universitätsstudium absolviert hat, schon die *curiositas* in der Auseinandersetzung mit dem Neuen und dem Anderen an den Tag, die dann zu einem Merkmal seines reifen Denkens wird; er verfügt auch, auf recht hohem Niveau, über die Darstellungsmittel zur Verarbeitung der gemachten Erfahrungen, die er in den Rahmen einer reich strukturierten kulturellen Überlieferung einfügt. Ganz offensichtlich entrichtet der Spross der namhaften bürgerlichen Familie bei dieser Bemühung einen gewissen Tribut an die intellektuellen Konventionen des eigenen Umfelds, an das, was »man« denken, sagen, schätzen und lieben »muss«, um sich der Zugehörigkeit zu einem solchen Milieu würdig zu erweisen; er tut dies allerdings in einem Stil, der die sehr frühe Aneignung der Codes

Hans von Dohnanyi.

dieser Welt bezeugt. Der junge Dietrich und seine Familie können es nicht wissen, aber das gesellschaftliche und kulturelle Universum, dessen gehobener Ausdruck sie sind, steht vor einer Krise, die diese Welt nicht bestehen wird:[3] Texte wie das römische Tagebuch des sehr jungen Bonhoeffer erscheinen daher auch wie ein Zeugnis, das eine bedeutsame Seite der europäischen Kulturgeschichte zur Darstellung bringt.

3. So urteilt der reife Bonhoeffer, zum Beispiel im Schreiben von Weihachten 1942 für die engsten Freunde, die mit ihm an der Verschwörung teilhatten, mit der Überschrift »Nach zehn Jahren«: vgl. DBW 8, S. 17-39. Diese kritische Einschätzung ist aber immer verbunden mit der tiefen Bewunderung für die Welt der vom 19. Jahrhundert ererbten bürgerlichen Werte. In den 1930er Jahren verbindet sich dieses Urteil in vieler Hinsicht mit der Kritik, die Bonhoeffer am Kulturprotestantismus übt; in den Jahren der Verschwörung wertet der Theologe jedoch gründlich eine Vergangenheit auf, deren intellektuellen Ergebnisse er für unwiederholbar hält (vgl. zum Beispiel DBW 8, S. 349, wo diese Vergangenheit am Beispiel der Geschichte der preußischen Akademie von Adolf von Harnack gepriesen wird: vgl. P. C. Bori, »Ti darò la tua anima come bottino«. Dietrich Bonhoeffer e la Geschichte der Preussischen Akademie di Adolf von Harnack, in: Annali di Scienze Religiose 1 [1996], S. 175–188).

Die Vorgeschichte der Reise

Die erste Erwähnung der Reise in der Bonhoefferschen Brief-
sammlung findet sich am 5. Februar 1924, in einem Brief an die
Zwillingsschwester Sabine.[4] Dietrich ist in Tübingen, festgehalten
durch einen Unfall beim Eislaufen. Die um seinen Zustand be-
sorgten Eltern besuchen ihn anlässlich seines 18. Geburtstags am
6. Februar, und in diesem Zusammenhang spricht Dietrich den

Karl August von Hase.

Wunsch aus, für ein Semester in Rom zu studieren. Im
Brief an Sabine bittet er die Geschwister, auf der Ebene
der »Familiendiplomatie« dazu beizutragen, dass dar-
aus etwas wird. Eine Woche darauf erklärt er den Eltern
gegenüber, wie billig es komme, in Rom zu studieren,
und welches die konkreten Möglichkeiten wären.[5] Das
Thema kehrt wieder in einem Brief vom 18. Februar.[6]
Die fiebernde Leidenschaft für Rom hat frühe Wurzeln
in der Familie Bonhoeffer. Sie verbindet sich vor allem
mit dem Urgroßvater mütterlicherseits, Karl August von
Hase (1800–1890), Professor für Kirchengeschichte in
Jena: Von ihm hält die Familie 20 Reisen nach Rom in
Erinnerung und seine Freundschaft mit Persönlichkei-
ten wie Gregorovius und Thorwaldsen; aber auch sein
Sohn, Karl Alfred (1842–1914), ebenfalls Theologe,
war ein guter Kenner Roms. Aus dem schon erwähnten
Brief an Sabine erfahren wir, dass die Eltern Dietrichs

4.   DBW 9, S. 77.

5.   DBW 9, S. 78 f. Als Studienmöglichkeit nennt er die Gregoriana und das Col-
     legium Germanicum. An der Gregoriana sind aber Laien nicht zugelassen,
     und schon gar nicht evangelische; das Germanicum ist ein Priestersemi-
     nar, dessen Alumnen an der Gregoriana studieren. Tatsächlich besucht (und
     schätzt) Bonhoeffer dann in Rom Vorlesungen zur Kirchengeschichte, wie
     er sie nennt; es muss sich aber um Vorlesungen zur Geschichte des Chris-
     tentums an der staatlichen Universität Rom gehandelt haben (vgl. dazu die
     Ansichtskarte S. 97 in diesem Band).

6.   DBW 9, S. 79 f.

sich über die Möglichkeit eines Aufenthalts in Rom bei Axel von Harnack (1895 – 1974) erkundigen, dem Sohn des großen Theologen, den Bonhoeffer dann am Tag der Ankunft in Rom treffen wird (s. S. 38). Der Beginn des Tagebuchs (s. S. 34) lässt uns wissen, dass die Vorbereitungen getrübt waren, einerseits durch die Krankheit Ursels, einer älteren Schwester, andererseits weil verschiedene mögliche Reisebegleiter Bonhoeffer im Stich ließen. Der einzige Gefährte des Abenteuers, allerdings begrenzt auf nur einen Teil des Aufenthalts, wird der ältere Bruder Klaus sein.

Die Reise im Zug über den Brenner dauert 44 Stunden, 7 Stunden die letzte Etappe von Florenz nach Rom. Der junge Mann ist sehr froh über seine gründliche Kenntnis des *Baedeker*.[7] Schon die Anreise erlebt er mit Enthusiasmus; am Ende ist die Ungeduld grenzenlos. Von den Bekanntschaften, die er im Zug macht, ist für den weiteren Verlauf der Reise die mit dem katholischen Seminaristen Platte-Platenius wichtig, der dann für die Erkundung des Katholizismus für Bonhoeffer der bevorzugte Gesprächspartner wird. Die großen Hoffnungen, die er auf die Reise gesetzt hat, werden nicht enttäuscht. Bevor wir aber sehen, wie sie sich verwirklichen, wollen wir einen raschen Blick auf das Rom werfen, in dem die Brüder Bonhoeffer am 5. April 1924 um 14:20 Uhr ankommen.

Rom, April – Mai 1924

Der 6. April 1924 ist für Dietrich und Klaus ein besonderer Tag: Es ist der erste, den sie zur Gänze in Rom verbringen, wobei der Vormittag der Besichtigung des Kolosseums und der Foren gewidmet ist. Es ist ein besonderer Tag auch für Italien. Es finden Wahlen statt. Mussolini ist seit zwei Jahren an der Macht und tritt mit einer Liste an, die auch Vertreter anderer Parteien umfasst;

---

7.   K. Baedeker, *Mittelitalien und Rom*, 13 1903.

Parteibuch des Partito nazionale fascista.

das Ziel ist, sich endgültig von jeder Opposition zu befreien. Die Opposition der Liberalen, Katholiken, Sozialisten und Kommunisten ist ziemlich gespalten, und der Vatikan, der schon das Konkordat im Blick hat, hütet sich, die Volksparteien zu unterstützen; vielmehr beglückwünscht der Papst am 24. März das faschistische Regime, dass es das Kruzifix an den öffentlichen Plätzen wieder aufgerichtet und an den öffentlichen Schulen den katholischen Religionsunterricht eingeführt hat.[8] Der Druck der faschistischen Schlägertruppen auf die gegnerischen Parteien ist sehr groß und belastet das politische Klima sehr. Die beiden Deutschen erfassen etwas von der Situation, wenn sie die Aktivität der faschistischen Propagandatruppen beobachten. Auf den Ausgang der Wahlen[9] – ein von vornherein feststehender Sieg der Regierungsliste – folgt kurz danach die Ermordung von Giacomo Matteotti, eines führenden Widersachers Mussolinis aus den Kreisen der italienischen Sozialisten, und der Beginn der eigentlichen faschistischen Diktatur. Von den beiden jungen Männern wurden weder der Eifer des einsetzenden Regimes noch die letzten Versuche der Opposition beachtet, etwas von der arg zugerichteten italienischen Demokratie

8. Ansprache des Heiligen Vaters Pius XI. an das Konsistorium vom 24. März 1924, in: La Civiltà Cattolica 75 (1924), II, S. 3 – 16, hier S. 10. Kurz danach verurteilt der Papst allerdings »die Szenen der Gewalt zwischen Bürgern dieses schönen und liebenswürdigen Landes« (das heißt die Aktionen der faschistischen Schlägertruppen), insbesondere, wenn sie »Sachen oder Personen« betreffen, die »geweiht« sind oder »eng mit der Religion verbunden« sind (S. 11). Zum Verhältnis zwischen dem Vatikan, dem Faschismus und den Wahlen von 1924 vgl. G. Sale, *Fascismo e Vaticano prima della Conciliazione*, Mailand: Jaca Book, 2007, S. 101 – 139.

9. Der Ausgang der Wahlen wird im Tagebuch nicht erwähnt; wohl aber die Eröffnung der Legislaturperiode (s. S. 104: Legislaturfest).

zu retten, die aus dem Krieg hervorgegangen war. Auch die Beobachtungen der beiden Brüder über die aktuelle italienische Gesellschaft sind zufällig und gehen nicht über touristische Eindrücke hinaus, allerdings wohl nicht, weil es an der Bereitschaft zur Auseinandersetzung mit einer von der eigenen verschiedenen Wirklichkeit fehlte; diese ist vielmehr sehr lebendig, wie auch aus den Notizen über die Fortsetzung der Reise nach Afrika hervorgeht. In der kurzen Zeit jedoch, die zur Verfügung steht, und mit einer recht rudimentären Kenntnis der italienischen Sprache ist es nicht realistisch, an eine auch nur oberflächliche Auseinandersetzung mit der gesellschaftlich-politischen Situation und mit dem Empfinden der Bevölkerung vor Ort zu denken.

Giacomo Matteotti.

Das Rom, das sich den Bonhoeffer-Brüdern darbietet, ist noch nicht das städtebauliche Produkt des faschistischen Mythos.[10] Der Bereich der Foren ist noch bewohnt. 1924 beginnen die Abrissarbeiten der Basilika SS. Annunziata ai Pantani und der anliegenden Bauten erst. Anschließend wird der ganze Bezirk radikal neu gestaltet, um für die heutige Via dei Fori Imperiali Platz zu machen, die, das Vittoriano mit dem Kolosseum verbindend, in der »faschistischen Ära« die Wiederkehr der Fasten Roms als *caput mundi* symbolisieren sollte.

Der Petersdom zeigt sich unversehens, wenn man aus den Gassen des Borgo Pio heraustritt. Wahrscheinlich lässt ihn das noch majestätischer erscheinen als die banal triumphalistische Perspektive, die mit der darauf folgenden Via della Conciliazione gebildet wird; Letztere ist, wie man weiß, das Ergebnis des Abrisses des Viertels und sollte das Ereignis feiern, mittels dessen der Dikta-

10. Dazu siehe A. Giardina, *Ritorno al futuro: la romanità fascista,* in: A. Giardina, A. Vauchez, *Il mito di Roma: da Carlo Magno a Mussolini,* Bari-Rom: Laterza, 2008², S. 212 – 296; R. Vidotto, *La capitale del fascismo,* in: Ders. (Hg.), *Roma capitale,* Rom-Bari: Laterza, 2002, S. 379 – 413.

Roma - Castello e Ponte S. Angelo.

Ansichtskarte aus Rom: Engelsburg und Ponte Sant'Angelo.

tor – nach dem effektvollen Ausspruch von Pius XI. – »Gott Italien und Italien Gott« zurückgegeben hat. Verständlicherweise ist die ganze Aufmerksamkeit der Bonhoeffer-Brüder auf die Antike einerseits und auf das »katholische«, das heißt das barocke Rom andererseits gerichtet. Die Stadt nach dem Risorgimento, nach der staatlichen Einheit Italiens und den damit einhergehenden massiven städtebaulichen Eingriffen in Rom[11], bleibt völlig unbeachtet. Das gilt sowohl für die Linie der Via XX Settembre, die von der Porta Pia zum Vittoriano führt, mit einer Abfolge von wichtigen öffentlichen Gebäuden, die die Ministerien des Einheitsstaates beherbergen, als auch für den Stadtteil Prati[12], den sie bestimmt durchquert haben, um auf den Petersplatz zu gelangen, was aber keine Spuren im Tagebuch hinterlassen hat.

11. Siehe zu den urbanistischen Aspekten M. Casciato, *Lo sviluppo urbano e il disegno della città*, in: R. Vidotto (Hg.), *Roma capitale*, a.a.O., S. 125 – 172.

12. Wo sich beispielsweise der mächtige Justizpalast erhebt (in Rom »Palazzaccio« genannt), der heute den Obersten Kassationsgerichtshof beherbergt, Symbol der laikalen und liberalen Gerichtsbarkeit, gegenüber der Engelsburg, Sitz des Gefängnisses des Papst-Königs, von deren Höhe sich die durch die Oper von Puccini unsterblich gewordene Tosca stürzt. Nebenbei bemerkt, ich stelle fest, dass im Bemühen der Bonhoeffer-Brüder, in die Kultur vor Ort einzutauchen, letztlich keinerlei Augenmerk auf die Dichtung des 19. Jahrhunderts gerichtet wird; alles musikalische Interesse von Bonhoeffer (der auf diesem Gebiet bekanntlich besonders sachkundig ist) richtet sich auf den liturgischen Gesang.

Die antiklerikale Ideologie, die in den Denkmälern[13] und im Städtebau des späten 19. und beginnenden 20. Jahrhunderts zum Ausdruck kommt, tritt überhaupt nicht ins Blickfeld. Der liberale und bürgerliche Laizismus, der doch in der italienischen Kultur dieser Epoche recht bedeutsam ist, irritiert das verfestigte Bild der Brüder von der Stadt (und Italiens generell) als einem vom Katholizismus geprägten Land in keiner Weise.

In der ersten Zeit ihres römischen Aufenthalts wohnen die Bonhoeffer-Brüder in einer Pension in der Via Lazio, in der Nähe der Porta Pinciana. Der Eigentümerin zufolge kommen sie mit zwei Tagen Verspätung an, was »fara prezzo«[14] heißt, und das ist für die Beteiligten offensichtlich keine gute Nachricht; im Folgenden bedauert Dietrich außerdem, dass sie an Mahlzeiten gebunden sind, was sie hindert, öfter in eine Trattoria zu gehen, dem Preis und der Abwechslung zuliebe. Davon abgesehen schätzen die beiden Deutschen das zugleich familiäre und kosmopolitische[15] Klima der Pension: eine gute Ausgangsbasis für ihre Erkundungen. Nicht weit von der Pension, in der Corso Italia 29, lebt eine gewisse Signora Jocca, eine Deutsche, die mit einem Italiener verheiratet ist, die den beiden jungen Männern als Kontaktadresse genannt wird; sie besuchen sie mehrere Male, und es finden bei ihr musikalische Abende statt.

13. Nicht einmal das besonders vielsagende Denkmal für Giordano Bruno am Campo de' Fiori wird erwähnt.

14. Siehe S. 37; im Original auf Italienisch.

15. In den Notizen zum 10. April (S. 44) werden aufgezählt: ein Russe, eine Italienerin, eine Griechin, eine Französin, zwei weitere Freunde der Genannten, deren Nationalität nicht angegeben wird, und eine Deutsch-Russin: ein leibhaftiger Turmbau zu Babel, kommentiert Dietrich am folgenden Tag (S. 47).

Im Dialog mit dem antiken Rom

Das Wort Plutarchs »Der große Pan ist tot« ist falsch: Das ist, am Tag nach der Ankunft, der erste Eindruck Dietrichs angesichts des Kolosseums.[16] Über die verständliche Faszination angesichts eines auf der Welt einzigartigen Anblicks hinaus, der ihm immer wieder mittels Reproduktionen[17] vor Augen gestanden hatte, erhält das berühmte Wort einen gewissen Klang naiver Sentenzenhaftigkeit. Wollte man auf der Basis des bonhoefferschen Tagebuchs feststellen, worin genau das neue Leben des »großen Pan« besteht, geriete man in ernsthafte Schwierigkeiten. Dietrich preist die Aussicht vom Palatin; er ist enttäuscht vom Kapitol in seinem Renaissancestil[18]; einen ähnlichen Eindruck erweckt das Pantheon, wo ein stil- und geschmackloser Papst das Innere des sonst so wunderbar einheitlichen Baus entsetzlich zugerichtet habe.

Nur in einem Fall, kann man wohl sagen, geht der Dialog mit dem antiken Erbe über diese Art von Betrachtungen hinaus. Es handel sich dabei aber nicht um ein römisches Monument, sondern um den *Laokoon* der Vatikanischen Museen. Der Eindruck ist in knappen Worten beschrieben, aber gerade dadurch recht einprägsam.[19] Die Faszination kommt, noch intensiver, 18 Jahre später wieder auf, als Bonhoeffer mit von Dohnanyi nach Rom zurückkommt, und Bonhoeffer berichtet davon zweimal aus dem Gefängnis. Im Brief vom 23. Januar 1944 schreibt er an Bethge, der damals als Soldat in Italien ist: »Wenn Du den Laokoon wiedersiehst, achte doch mal darauf, ob er (der Kopf des Vaters) nicht

16. Siehe S. 39.

17. An den Wänden der Klasse Bonhoeffers im Grunewald-Gymnasium hingen Veduten des Forum Romanum: DB, S. 84.

18. Seltsamerweise kommentiert Dietrich einen weiteren Eingriff des 19. Jahrhunderts nicht, der vom Vittoriano gebildet wird, das sich zwar auf der den Foren gegenüberliegenden Seite erhebt, in seiner bewussten Aufdringlichkeit aber schwer zu übertreffen ist.

19. Siehe S. 52; DBW 9, S. 89.

möglicherweise das Vorbild für spätere Christusbilder ist. Mich hat das letzte Mal [also auf der Reise im Sommer 1942] dieser Schmerzensmann der Antike sehr ergriffen und lange beschäftigt.«[20] In diesen Texten des reifen Bonhoeffer gewinnt der *Laokoon* Bedeutung aufgrund der Analogie, die der Theologe mit der herkömmlichen christlichen Interpretation des Schmerzenmannes von Jesaia 53,3, der in einem bekannten Kirchenlied von Adam Thibesius besungen wird[21], meint feststellen zu können. Im Tagebuch des Jugendlichen gibt es keinen Anhaltspunkt für die Wahrnehmung einer solchen Parallele. Vielmehr wird der vom *Laokoon* erweckte Eindruck mit dem des *Apollo* vom Belvedere assoziiert, mit dem Kopf des Perikles, und er findet »noch vieles andere« beeindruckend. Das heißt, 1924 ist er noch nicht der christologisch orientierte Theologe wie nach der Begegnung mit dem Werk Karl Barths, sondern der protestantische bürgerliche Student, der der Größe der antiken Kunst den gebührenden Tribut zollt. Eberhard Bethge

Apollo vom Belvedere.

20. DBW 8, S. 293. In dem Passus klingen die Betrachtungen an, die in den 1943 verfassten fingierten Tagebuchfragmenten (vgl. oben, S. 8, Anm. 2) ausgedrückt werden, bezogen auf die Reise des vorhergehenden Jahres: »Haupteindrücke: der Laokoon – ist der Kopf des Laokoon etwa zum Vorbild späterer Christusdarstellungen geworden? Der antike ›Schmerzensmann‹. Es konnte mir niemand Auskunft geben; werde versuchen, dem nachzugehen. Merkwürdig, bisher hatte mir der Laokoon nie besonderen Eindruck gemacht« (DBW 16, S. 393). Letztere Bemerkung erscheint, im Licht des Tagebuchs von 1924, seltsam. Aber auch aus dem Passus des Briefes an Bethge ist zu entnehmen, dass der von der Skulptur im Jahr 1942 geweckte Eindruck die Erinnerung an die Erfahrung des Jugendlichen gleichsam gelöscht hat. Einen weiteren raschen Hinweis auf den Laokoon gibt es im Brief vom 12. Februar 1944, DBW 8, S. 323, wo das Werk dem von Winckelmann geprägten Begriff der »edlen Einfalt« der antiken Kunst gegenübergestellt wird.

21. *Du großer Schmerzensmann,* Evangelisches Gesangbuch, Nr. 87.

hat nicht Unrecht, wenn er hervorhebt, dass Klaus Bonhoeffer insbesondere an der Antike interessiert ist, während die Aufmerksamkeit von Dietrich sich besonders auf das katholische Rom richtet.[22]

Die Faszination des römischen Katholizismus

Vor allem natürlich St. Peter: Die beiden jungen Männer besuchen die Basilika schon wenige Stunden nach ihrer Ankunft
in Rom. Nach so langem Warten, und nachdem sie so intensiv
die Vorfreude genossen haben, muss Dietrich zugeben, dass der
erste Eindruck anders ist als erdacht. Es ergibt sich ein regelrech-
ter Dialog mit der Basilika, der in gewisser Weise den roten Faden
des römischen Aufenthalts von Dietrich bildet[23]: Im symbolischen
Zentrum des Katholizismus sucht er den Interpretationsschlüssel,
um in eine geistige Welt einzutreten, die ihm fremd ist, aber die
ihn, das sieht man vom ersten Augenblick an, fasziniert und ihn
gründlich befragt.[24]

Als Höhepunkt dieser Begegnung kann die Teilnahme an der
Liturgie der Karwoche gelten. In der Messe am Palmsonntag ist
es gewiss der Gesang des Knabenchors, der Bonhoeffer beein-
druckt[25], aber mehr noch das Bild der vielen konzelebrierenden

---

22. DB, S. 85.

23. Bei der Rückkehr von der Expedition nach Sizilien und Afrika schreibt er,
    dass die Nennung von St. Peter als Symbol für die Stadt sich nicht nur auf
    die Kirche beziehe: DBW 9, S. 102.

24. F. Schlingensiepen, *Rom, Ziel lebenslänglicher Sehnsucht*, in: J. Aussermair,
    G. M. Hoff (Hg.), *Dietrich Bonhoeffer – Orte seiner Theologie*, Paderborn-
    München-Wien-Zürich: Schöningh, 2008, S. 31–43, hier S. 35, stellt sich
    sogar die Frage, die, ehrlich gesagt, auch als schlichte Frage übertrieben er-
    scheint, warum Bonhoeffer nicht zum Katholizismus übergetreten sei.

25. Er glaubt sogar, die Anwesenheit von Kastraten im Chor feststellen zu kön-
    nen, was aber seit Jahrzehnten nicht mehr der Fall war. Auch später meint
    Bonhoeffer, dass die Kastraten einen »Orden« bilden (DBW 9, S. 92) (S. 57),
    was nicht der Realität der 1920er Jahre entspricht.

oder jedenfalls an der Liturgie beteiligten Kleriker als Ausdruck der Universalität der Kirche. Der junge Protestant, der aus einer *Territorialkirche* kommt, sieht sich konfrontiert mit dem Bild eben der »katholischen«, d. h. der weltumspannenden, Kirche, das die römische Kirche von sich vermitteln will. Gewiss erkennt er

Ansichtskarte aus Rom: Engelsburg und Ponte Sant'Angelo.

das sofort als »doch sehr ideal«, ist aber dennoch fasziniert. Noch zwei Tage später kommt Bonhoeffer auf die an diesem Sonntag gemachten Erfahrungen zurück. Außer an der Messe in St. Peter hatte er auch an der Vesper in der Kirche Trinità dei Monti teilgenommen, und wieder ist er bezaubert vom Gesang der Mädchen, die er für Novizinnen hält, während es sich in Wirklichkeit um Schülerinnen der angeschlossenen französischen Schule gehandelt haben muss. Und wieder, nach der Liturgie, der Blick über die Kuppeln der römischen Kirchen beim Spaziergang von Trinità dei Monti zur Terrasse des Pincio.[26] Es stimmt, wie Bethge feststellt, dass die Begegnung mit Barth Bonhoeffer recht bald helfen wird, die eigene Begeisterung etwas zu mäßigen; es ist aber auch richtig hervorzuheben, dass die Zentralität des ekklesiologischen Themas in den ersten Arbeiten Bonhoeffers und ebenso das kritische Interesse gegenüber dem römischen Katholizismus, das sein gan-

---

26. Vgl. DBW 9, S. 89; s. u. S. 51.

zes Denken durchdringt, sicher auch dieser intensiven jugendlichen Erfahrung geschuldet sind.[27]

Das kann schön am Beispiel der Beichte erläutert werden. Am Montag, dem 14. April, geht er nach Maria Maggiore, wo eine Menge Gläubiger sich zur Beichte anstellt[28], und gewinnt dort einen erbaulichen Eindruck geistlicher Ernsthaftigkeit, recht verschieden vom üblichen stereotypen Bild des Katholizismus im bürgerlich-protestantischen Umfeld. Der künftige Theologe meint feststellen zu können, dass die Beichte für die Menschen, die sich vor seinen Augen anstellen, kein »Muss« mehr ist, sondern ein geistliches Bedürfnis, das auch von den Kindern empfunden wird. Gewiss ist die Gefahr der Skrupulosität immer gegeben und betrifft gewöhnlich gerade die Ernstesten. Für die einfachen Menschen ist die Beichte, so scheint es dem jungen Bonhoeffer, die einzige Möglichkeit, mit Gott in ein Gespräch zu kommen, während sie dem, der eine tiefere Bildung erfahren hat, eine »Vergegenständlichung« der Idee der Kirche ermöglicht.[29] In

27. 1927 organisiert Bonhoeffer in Berlin-Grunewald einen Donnerstagskreis, bei dem die Teilnehmer eingeladen sind, ein *Referat* zu halten. Er behält sich selbst das Referat über die katholische Kirche vor (DB, S. 126; Text in DBW 9, S. 579 – 584). Nachdem er noch einmal die Größe des römischen Katholizismus anerkannt hat, fragt Dietrich sich: »Aber grad an all dem Großen entstehen daher schwere Bedenken. Ist diese [römisch-katholische] Welt wirklich Kirche Christi geblieben? Ist sie nicht, statt auf dem Weg zu Gott ein Wegweiser zu sein, vielleicht zu einem Bollwerk mitten auf dem Weg geworden?« (DBW 9, 583).

28. In der katholischen Frömmigkeit war damals die Kommunion von Seiten der Laien viel seltener als heute, bedingt durch eine recht strenge Disziplin. Der praktizierende Katholik empfing jedenfalls mindestens einmal im Jahr, eben zu Ostern, das Sakrament; das erklärt auch den Andrang zu den Beichtstühlen, der Bonhoeffer auffällt.

29. Bonhoeffer geht auch am folgenden Tag nach Maria Maggiore, mehr um das geistliche Leben zu beobachten, wie er sagt, als wegen der bemerkenswerten künstlerischen Schönheiten. (Bonhoeffer DBW 9, S. 90: »Ich werde wohl oft in diese Kirche gehen, mehr um kirchliches Leben zu beobachten als aus künstlerischen Gesichtspunkten, obwohl sie auch hierin mit zum Schönsten gehört.«)

seinem Denken wird der Theologe Bonhoeffer oft auf das Thema der Beichte zurückkommen.[30] Natürlich stellt er sich entschieden in die Schule Luthers und greift die Themen und auch den Ton der *Kurzen Vermahnung zur Beicht* des *Großen Katechismus* auf.[31]

Der Gründonnerstag und der Karfreitag werden fast zur Gänze in St. Peter verbracht.[32] Der junge Theologe legt großen Wert darauf, dem Ritus im Missale folgen zu können, was ihm zunächst nicht recht gelingt, sich dann aber dank Platte-Platenius verbessert, der das aktuelle Missale dabeihatte (oder der, das ist wahrscheinlicher, sich in dem für den Laien nicht einfachen Text besser als Bonhoeffer orientieren konnte). Die Möglichkeit, den Feierlichkeiten mittels des Missale zu folgen, wird von Bonhoeffer besonders geschätzt. Er bemerkt – in einem Brief an die Eltern (DBW 9, S. 114) –, dass in Deutschland die Liturgie oft in so abscheulichem Vortrag rezitiert wird, dass der nicht gebührend informierte Hörer vermutet, die Texte seien von entsprechendem Niveau. In Wirklichkeit, wenn man sie mit Aufmerksamkeit studiere, zeige sich, dass sie von hoher Qualität seien. Platte-Platenius ist auch ein wehrhafter Partner in theologischen Gesprächen über die jeweiligen Konfessionen. Dietrich zufolge wollte der katholische Seminarist seinen Gesprächspartner geradezu bekehren, nicht zuletzt durch mehrgliedrige Argumente, einschließlich der Geltung der klassischen Metaphysik und der Gottesbeweise, wobei er Kant zu widerlegen versuchte. Bonhoef-

---

30. Zur Bedeutung des Themas der Beichte in der Theologie Bonhoeffers vgl. F. Ferrario, *Dio nella Parola,* Turin: Claudiana, 2008, S. 269 f., 352, wo auch die entsprechenden Stellen kurz erörtert werden.

31. H. H. Borcherdt/Georg Merz (Hg.): Martin Luther. Ausgewählte Werke, Bd. 3, S. 287 – 291, München 1962.

32. DBW 9, S. 91 f. – Die nötigen Platzkarten, berichtet Bonhoeffer, hat ein Kirchendiener namens Eusebius besorgt, vielleicht ein Bekannter von Platte-Platenius, dem katholischen Seminaristen, den die beiden Brüder auf der Reise kennengelernt haben.

Von Paul Hommel in Libyen aufgenommenes Foto (Bonhoeffer Nachlass, Berlin).

fer zeigt sich von solchen Überlegungen ziemlich belästigt, er sieht darin »die üblichen katholischen *circuli vitiosi*«.[33]

Am Karsamstag führt diese unermüdliche Pilgerschaft im Herzen der katholischen Spiritualität Bonhoeffer nach San Giovanni in Laterano, wo er der Weihe der Priester und der Kandidaten für die weiteren sechs niederen Weihen beiwohnt,[34] bevor er sich am Nachmittag zur armenischen Kirche römischer Observanz begibt, wo er an der Auferstehungsfeier teilnimmt. Bei all diesen Gelegenheiten richtet der musikalisch gut vorbereitete Student selbstverständlich seine Aufmerksamkeit besonders auf den liturgischen Gesang. Am begeistertsten äußert er sich über den Chor der Cappella Sistina – die übrigens auf Dietrich keinen besonderen Eindruck macht –, den er in der Messe des Ostertages hört. Nach dreieinhalb Tagen, die gänzlich in den Kirchen verbracht wurden, muss der Nachmittag des Ostertages, den er auf den Corso Italia 29 bei der Familie Jocca verbringt – wobei unter anderem die Beethovensche Frühlingssonate gespielt wird –, eine willkommene Erholung vor der Abreise nach Sizilien gewesen sein.

Die Aufzeichnungen zu Neapel, Sizilien und dann Libyen sind eher rasch hingeworfen und reflektieren die sich überstürzenden Eindrücke, denen die beiden Jungen ausgesetzt sind. Mehr als das Tagebuch ist es der Brief an die Eltern vom 9. April, der die recht differenzierte Nachrichten über den Aufenthalt in Afrika liefert. Außer den Beobachtungen über die örtlichen Gebräuche, über die

---

33. Siehe DBW 9, S. 94.

34. Die Herausgeber von DBW 9 (S. 93, Anm. 45) machen mit Recht darauf aufmerksam, dass Bonhoeffer in seiner Schilderung der Zeremonie die Handauflegung des weihenden Bischofs nicht erwähnt.

Landschaften, über das Klima, finden wir eine Reflexion zum Parallelismus zwischen dem Islam, so wie er vom Jugendlichen erlebt und erfahren wird, und der Vorstellung, die er sich von dem im Alten Testament beschriebenen Alltagsleben gemacht hat.

In der Vergangenheit wurden einige der Fotos aus Libyen, die in diesem Band enthalten sind, Dietrich oder Klaus Bonhoeffer zugeschrieben. Die Negative werden im Bonhoeffer-Nachlass in Berlin aufbewahrt, und die Zuschreibung gründet sich im Wesentlichen auf die Bemerkung von Dietrich im Brief an die Eltern vom 27. Mai 1924: »Klaus soll mir doch die Photographien aus Tripoli schicken, sobald sie entwickelt sind. Ich bin sehr gespannt und viele Leute wollen sie auch sehen.«[35] Beim Durchblättern der ersten Auflage

Zitadelle von Tripolis. Von Paul Hommel aufgenommenes Foto (Landeskirchliches Archiv Stuttgart).

dieses Buches hat der bayerische Journalist Markus Springer vermutet, dass die Bilder aus Libyen von dem deutschen Fotografen Paul Hommel gemacht wurden. Der größte Teil des erhaltenen Werks von Hommel wird im Landeskirchlichen Archiv in Stuttgart aufbewahrt, und Jakob Eisler, der Kurator des Archivs, hat die Vermutung von Springer bestätigt, und uns einige Reproduktionen von im Archiv vorhandenen Fotos zugeschickt: Ein Foto, wiedergegeben auf dieser Seite, ist identisch mit dem Foto von S. 77, und das Foto von S. 24 ist dem Foto von S. 78 sehr ähnlich.

35. Vgl. S. 110.

Oase im Süden Libyens. Von Paul Hommel aufgenommenes Foto (Landeskirchliches Archiv Stuttgart).

Die Brüder Bonhoeffer hatten also die Negative von Hommel erworben – eine zur damaligen Zeit übliche Praxis –, der mit ihnen zusammen gereist ist; er wird von Dietrich in den Aufzeichnungen aus Tripolis erwähnt, zuerst anonym[36] und dann ausdrücklich: Sein Name ist da zwar unleserlich, er wurde aber von den Herausgebern der kritischen Ausgabe richtig festgestellt.[37]

Christoph Gottlob Paul Hommel wurde am 1. Januar 1880 in Stuttgart geboren.[38] Von seiner Jugend und davon, wie er das Fotografieren erlernt hat, weiß man nichts. 1911/1912 unternahm er eine dreimonatige Reise nach Ägypten und hielt sich auf dem Rückweg einen Monat in Italien auf. 16 seiner Fotografien wurden nach dem Ersten Weltkrieg in dem Band *Die Heilige und ihr Narr* veröffentlicht. In den 1930er Jahren begann er, mit seinen Fotografien Postkarten herzustellen. Da er gesundheitliche Probleme mit den Nieren und der Lunge hatte, rieten ihm die Ärzte zu einem Aufenthalt in Ländern mit mildem Klima, und so unternahm Hommel zwischen 1910 und 1930 eine ganze Reihe von Reisen in Länder rund um das Mittelmeer: nach

36. »Gleich zu Anfang einen Stuttgarter Photografen getroffen«: DBW 9, S. 99, (S. 74).

37. DBW 9, S. 100, Anm. 64: »Unl., vielleicht: ›Hommel‹.«

38. Vgl. Jakob Eisler, *Bilder aus dem Heiligen Land des württembergischen Photographen Paul Hommel,* in: *Deutsche in Palästina und ihr Anteil an der Modernisierung des Landes,* hg. von Jakob Eisler, Harrassowitz Verlag: Wiesbaden 2008, S. 121 – 126.

Spanien, Frankreich, Italien, Jugoslawien, Griechenland, in die Türkei, nach Syrien, in den Libanon, nach Algerien, Tunesien, Marokko und eben nach Libyen. Er hat auch oft Israel besucht, wo er einen Dokumentarfilm drehte. Sein Lieblingsland blieb jedoch Italien, über das er 1926 einen prächtigen Fotoband – Sizilien, Landschaft und Kunstdenkmäler – veröffentlichte, mit einer Einführung von Hugo von Hofmannsthal. Aus unbekannten Gründen reduzierte Hommel ab 1930 die

Von Paul Hommel in Libyen aufgenommenes Foto (Bonhoeffer Nachlass, Berlin).

Zahl seiner Reisen. Im September 1944 wurde das Haus, in dem er lebte, bombardiert, aber ein großer Teil seines Werks, das zum Glück im Keller aufbewahrt wurde, konnte gerettet werden. Hommel starb am 1. September 1957 in Stuttgart. Da er keine direkten Nachkommen hatte, wurde sein Nachlass aufgeteilt. Es wurden inventarisiert: 10.000 Ansichtskarten vom Vorkriegs-Stuttgart, 50 Schachteln mit Fotografien von Italien, 44 Schachteln mit Foto-Alben und 7 Filmrollen mit Filmen, die zwischen 1929 und 1931 in Palästina gedreht worden waren. Dieses gesamte Material wurde von den Testamentsvollstreckern für wertlos erachtet und vernichtet. Nur ein Teil seiner Arbeit ist erhalten geblieben, darunter ca. 10.000 Schnappschüsse aus Palästina.[39]

39. Wir danken Markus Springer vom Münchener »Sonntagsblatt« und Dr. Jakob Eisler vom Landeskirchlichen Archiv Stuttgart, die uns die Informationen übermittelt haben, die dieser Rekonstruktion zugrunde liegen.

Die äußerste Knappheit der Tagebuchaufzeichnungen, die auffällt, wenn man sie mit den recht ausführlichen Reflexionen über
den römischen Aufenthalt vergleicht, legt nahe, dass Libyen in
dem jungen Theologen eher Eindrücke hervorgerufen als Reflexionen angeregt hat. Während die Annäherung an Rom auf eine
breite klassische Bildung aufbauen kann und durch vertiefte Lektüre vorbereitet wird, bestückt Afrika ihn mit einer Fülle von Bildern des Lichtes und der Armut, ohne dass er, wie es scheint, dazu
kommt, sie zu verarbeiten. Die Fotos zeigen, dass der afrikanische
Aufenthalt zweifellos eine berauschende Erfahrung ist; aber das
Herz des künftigen Theologen schlägt für die ewige Stadt, und er
freut sich, dorthin zurückkehren zu können.

Nach der Reise in den Süden kehrt Klaus nach Deutschland
zurück, und Dietrich[40] reduziert drastisch die regelmäßige Teilnahme an liturgischen Feiern. Das katholische Rom steht immer
noch im Zentrum der Aufmerksamkeit, jetzt aber vorwiegend in
künstlerischer Hinsicht. Er folgt getreulich[41] den Hinweisen des
Baedeker und besucht und kommentiert kurz zahlreiche Kirchen
und Werke; er kehrt regelmäßig zum Pincio zurück, einem seiner
bevorzugten Ziele, vielleicht um dort in einer Pause Kant zu lesen
oder im Haus Jocca zu musizieren. Es ist offensichtlich, dass er bei
der Planung seiner Reise die Karwoche für eine vertiefte Auseinandersetzung mit dem Katholizismus vorgesehen hatte. Doch die
Papstaudienz, der er am Samstag, dem 31. Mai beiwohnt, macht
ihm keinen besonderen Eindruck.

40. Er wohnt jetzt in der Via Quintino Sella 8, zwischen Porta Pinciana und
dem Bahnhof.

41. Manches entgeht ihm allerdings (vielleicht weil auch der *Baedeker*, S. 230,
dazu schweigt): In der Beschreibung der Kirche S. Luigi de' Francesi übergeht Bonhoeffer den Matthäus-Zyklus Caravaggios; der Theologe spricht
hingegen von Raffael und Guido Reni (S. 96): In Wirklichkeit handelt es
sich, wie der *Baedeker* vermerkt, um eine Kopie eines in Bologna aufbe-
wahrten Werks von Raffael, die Reni ausgeführt hat.

Ein römischer Protestantismus?

Das Tagebuch Dietrich Bonhoeffers übergeht die protestantische Präsenz in Rom, und zwar sowohl die Kirchen als auch die theologische Fakultät der Waldenser in der Nähe der Piazza Cavour. Dieses Schweigen über den »römischen Protestantismus« wird nur einmal durchbrochen. Am Nachmittag des 29. Mai, einem Donnerstag, dem Fest der Himmelfahrt, betritt der junge Mann den Sitz einer »kleinen Sekte«, wo er einer Taufe beiwohnt. Es handelt sich um die evangelische Kirche in der Via della Lungaretta[42] in Trastevere. Was den Kult an sich betrifft, ist der einzige Aspekt, den Bonhoeffer erwähnt, der Choralgesang, der gelobt wird. Der zufällige Besuch in der kleinen Kirche ist aber die Gelegenheit für eine recht ausführliche Reflexion über die Volkskirche als kirchlicher Gestalt. Bonhoeffer fragt sich, ob der Protestantismus nicht besser getan hätte, eine »große Sekte« zu bleiben und so der Kalamität zu entgehen, in der er sich, dem jungen Studenten zufolge, jetzt befindet. Worauf genau Bonhoeffer hier anspielt, wird nicht entfaltet. Wahrscheinlich geht es ihm um die Krise der territorialen Organisation der deutschen Kirchen nach dem Zusammenbruch der Wilhelminischen Welt. Unter dem Etikett »Protestantismus« – fährt Bonhoeffer fort – verberge sich recht oft schlicht und einfach »Materialismus«; was am Protestantismus geschätzt werde, sei das »Freidenkertum«. Die Absage an eine feste Bindung an den Staat hätte, Bonhoeffer zufolge, den Protestantismus vor jenem Prozess der Selbstsäkularisierung bewahren können. Jedenfalls stellt die Krise, die auf den Ersten

---

42. DBW 9, S. 109, Anm. 107, erklärt, der Ort sei »n.[icht] i.[dentifiziert]«. Dass es sich um die baptistische Kirche in der Via della Lungaretta handelt, wird dadurch angezeigt, dass Bonhoeffer eben die Kirche Santa Maria in Trastevere verlassen hat, die wenige Minuten zu Fuß von der baptistischen Kirche des Viertels liegt. Am 29. Mai 1924 werden nämlich in dieser Gemeinde zwei Taufen abgehalten; vgl. die Chronik in der baptistischen Zeitschrift *Il Testimonio* 41 (1924), S. 246. Die Gemeinschaft besteht bis heute, das Taufregister für diese Zeit ist jedoch verlorengegangen.

Weltkrieg folgt, die evangelische Kirche vor die Notwendigkeit, die eigenen Bedingungen ihrer Präsenz in der Gesellschaft neu zu denken.

Im römischen Aufenthalt des jungen Mannes manifestieren sich so im Kontext der spannenden Begegnung mit der Majestät der Papstkirche unter dem Stimulus der Taufen von Gläubigen in der kleinen evangelischen Kirche in Trastevere Gedanken, für die Bonhoeffer sich bis in die letzten Monate seines Lebens leidenschaftlich interessieren sollte.

Abschließende Überlegungen

Die Tatsache, dass die italienische Literatur zu Bonhoeffer der römischen Reise des 18-jährigen Studenten meistens große Bedeutung zuschreibt, ist natürlich nicht überraschend. Sie wird häufig unter der Überschrift »Bonhoeffer *catholicus*« verhandelt, nicht immer ohne eine gewisse Überanstrengung. Die aufmerksame Lektüre des Tagebuchs und der Briefe zeigt tatsächlich, dass verschiedene geistliche Erfahrungen und Beobachtungen in der kurzen und intensiven Geschichte des Denkens Bonhoeffers lang anhaltende Auswirkungen hatten. Ich habe schon versucht, einige besondere Inhalte hervorzuheben; abschließend möchte ich auf einige Dimensionen des spirituellen Lebens eingehen, die sich hier deutlich zeigen und die das gesamte Werk des Theologen charakterisieren.

Die Reise als Bildungserlebnis: Die Reise nach Rom ist die erste einer langen Reihe von Reisen, die dem Leben Bonhoeffers einen Rhythmus vorgeben. In den 20 Jahren, die darauf folgen, kann man, wenn man sich auf die wichtigsten Erfahrungen beschränkt, zumindest vier weitere Auslandsreisen nennen: die Reise nach Amerika 1930–1931, das Vikariat in Barcelona, den pastoralen Dienst in London 1933–1934 und die sehr kurze, aber entscheidende Reise nach Amerika im Sommer 1939, in deren Verlauf die Weichen gestellt werden, die die Zukunft und das Ende Bonhoef-

*Bonhoeffer im Garten
des Union Theological
Seminary, Sommer 1930.*

fers bestimmen werden; nicht realisiert wurde hingegen die Idee einer Reise nach Indien, die der Theologe unternehmen wollte, um Gandhi zu treffen und die Theorie und Praxis des gewaltlosen Widerstandes zu studieren. Der 18-jährige Student, der in die sog. »ewige Stadt« kommt, ist natürlich stolz, sich in die Tradition der deutschen Reisenden einzureihen, die Rom zur bedeutendsten Etappe der *Grand Tour* machen. Bonhoeffer macht sich das Pathos der Reise als Abenteuer des Geistes, das diese Tradition charakterisiert, zu eigen. Der Stil der flüchtigen, aber sehr anspielungsreichen Beobachtung, die Andeutung dessen, was ein Forschungsobjekt hätte sein können oder werden könnte; die gründliche, aber nicht abgeschlossene, ebenso beeindruckende wie ungelöste Reflexion als Nachspiel einer flüchtigen Erfahrung: All das bildet ein Stilelement des bürgerlichen Denkens des 19. Jahrhunderts, mit dem er sich sein ganzes Leben lang auseinandersetzt und das in

Ansichtskarte aus Barcelona, von Bonhoeffer an den Schwager Rüdiger Schleicher.

der Zeit der antihitlerischen Verschwörung noch wichtiger wird: eine Quelle spiritueller »säkularer«, aber tiefgründiger Energien, aus der es zu schöpfen gilt.

Verbunden mit dem Thema der Reise ist die Leidenschaft für den »Anderen«, die für Dietrich charakteristisch ist. In Rom ist, wie gesagt, das »Andere« vor allem der Katholizismus.[43] Denkstil Bonhoeffers wird immer charakterisiert sein von der Gespanntheit auf die Begegnung mit der radikal verschiedenen spirituellen Erfahrung. Letztere wird manchmal in vielleicht stilisierten und überkritischen[44], aber immer gründlich reflektierten Begriffen mit großer intellektueller Leidenschaft ausgedrückt. Das dritte Element, das offensichtlich aus dem Tagebuch hervorgeht und das ich als Konstante der Weltsicht (und des Glaubens) Bonhoeffers unterstreichen möchte, ist die Musik als Tor des Zugangs zur Welt des Geistes. Praktisch alle Beobachtungen zum Katholizismus (und wie wir gesehen haben auch die einzige, die die italienische evangelische Welt betrifft) sind gebunden an die Erfahrung von Musik. Nicht selten kreuzen sich diese drei Elemente (Reise, Faszination des Anderen, Musik), wie dann zum Beispiel, wenn Bonhoeffer, zu Beginn der 1930er Jahre in Amerika, die *Negro Spirituals* entdeckt

43. F. Ferrario, *Passione per l'altro. Bonhoeffer e il cattolicesimo,* in: U. Perone, M. Saveriano (Hg.), *Dietrich Bonhoeffer. Eredità cristiana e modernità,* Turin: Claudiana, 2006, S. 51 – 68.

44. Vgl. *Bericht für das Kirchenbundesamt,* DBW 10, S. 262 – 280.

und Schallplatten kauft, die dann in den Gängen von Finkenwalde erklingen.

Vom Gesichtspunkt einer globalisierten und auf Kommunikation gegründeten Gesellschaft wie der unseren aus gehören die Merkmale der Reise und der Begegnung mit dem Anderen, wie sie zu Beginn des 20. Jahrhunderts erlebt werden konnten, zu einer untergegangenen Epoche der abendländischen Geistesgeschichte; in vielerlei Hinsicht gilt das auch für das musikalische Erleben, dessen »technische Reproduzierbarkeit«, von der digitalen Technologie noch weiter gesteigert, die Musik definitiv von der Kontextualisierung »vor Ort« und von der Dimension der persönlichen Begegnung dissoziiert hat. Auch und gerade diese kulturelle Distanz trägt bei zur Faszination der römischen Notizen, die der junge Dietrich Bonhoeffer uns hinterlassen hat: Erinnerung eines Menschen, der, bei näherer Betrachtung, einem Goethe oder einem Stendhal näher ist als uns.

Liebe Eltern.

Tagebuch
Dietrich Bonhoeffers

Italienische Reise im Jahre 1924.

[handschriftlicher Tagebuchtext]

Erste Seite des Tagebuchs von Dietrich Bonhoeffer.

Italienische Reise.
April – Juni 1924

Abfahrt von Berlin am 3. April abends. Die Vorbereitungen waren getrübt durch Ursels Krankheit; italienische Stunden nahm ich bei R. Czeppan[1] und konversierte manchmal mit Tante Elisabeth[2]. Den Bädeker[3] konnte ich bei Antritt der Reise auswendig. Der erste Gedanke an meine Reise entstand im Krankenbett in Tübingen, wo ich die Nachricht bekam, die Eltern würden nach Rom fahren. Kaum in Tübingen angekommen, wurde ihnen der Plan unterbreitet und sie waren nicht ganz abgeneigt, so daß ich weiter an meinen Plänen spann und Reisegenossen suchte. Weynand wollte der einzige Getreue werden, aber auch er ließ mich im Stich. So ging es am dritten April denn endlich los. In Berlin hatte ich eine Arbeit begonnen, die ich in Rom fortsetzen werde.[4] Die Fahrt ging über München, Kufstein, Brenner, Bozen, Ve-

Die Eltern von B., Karl und Paula Bonhoeffer.

Die Schwester Ursula (1902–1983; sie hat 1923 Rüdiger Scheicher geheiratet, war dann an der antihitlerischen Verschwörung beteiligt und wurde zusammen mit Klaus Bonhoeffer am 23. April 1943 verurteilt) litt an schwerem Wochenbettfieber.

Der Baedeker.

1. Vgl. den Brief von Richard Czeppan vom 23. Mai 1924.

2. Elisabeth von Hase war die Schwester der Mutter von Dietrich Bonhoeffer, Paula von Hase.

3. Der *Baedeker* war damals ein sehr populärer Reiseführer. B. verwendete den Band *Mittelitalien und Rom. Handbuch für Reisende von Karl Baedeker*, Leipzig: Verlag von Karl Baedeker, 13 1903.

4. Titel und Inhalt dieser Arbeit sind nicht bekannt.

m. 2781
Cime Catinaccio
m. 2998
Dirupi di Larsec
m. 2766
Roe di Ciampie
m. 2656

Der Rosengarten ist ein Massiv der Dolomiten und auch ein Nebengipfel, der viel höher ist als das Massiv selbst; er liegt ca. 20 km östlich von Bozen und ist berühmt für die farbigen Sonnenuntergänge.

rona, Bologna, Florenz, nach Rom. Wenn man zum erstenmal die Grenze nach Italien überschreitet, ist es einem eigenartig zumute. Die Phantasie fängt an, sich in Wirklichkeiten zu verwandeln. Wird es wirklich schön sein, alle seine Wünsche erfüllt zu sehen? Oder wird man nicht vielleicht doch sehr ernüchtert nach Hause kommen? Aber die Wirklichkeit ist eben immer noch schöner als die Phantasie; das zeigte sich zum erstenmal beim Bozener Rosengarten. Aus der winterlichen Alpenlandschaft tritt man wie mit einem Schlag hinaus in ein mächtig weites, üppig blühendes Tal, und in der Ferne sah man im Abendrot die Dolomiten herrlich schön. In Bozen umsteigen. Der Zug war nun zum erstenmal voll von Italienern. Es war wieder Nacht geworden. Im Wagen herrschte sehr vergnügtes Treiben. Die Italiener sind liebenswürdig zu den Fremden und schwatzen gern mit ihnen. Um 2 Uhr nachts kamen wir nach Bologna. Mann hoch (darunter ein katholischer Theo-

loge und ein Bankmann)[5] zogen wir in die Stadt, wo noch ziemlich Lebhaftigkeit herrschte. Bald trafen wir einen Mann, den wir
um eine Straße an-
fragten und der uns
selbst durch die ganze
Stadt führte. Auf der
Hauptstraße große
Kolonnaden, dann
an den Dom, Mark-
platz, schöner klarer
Mondschein. Es war
ganz wunderschön.
Mit diesem Mann
hatte ich meine erste
italienische Unterhal-
tung, es ging zu mei-
nem Erstaunen ganz
gut. 7 Uhr morgens

Die Via Lazio auf dem Plan im Baedeker.

Florenz, dann endlich 2:20 in Rom. Schon vor der Einfahrt sieht
man St. Peter liegen, ein seltsamer feierlicher Augenblick. Auf
dem Bahnhof schon begann allerdings die Gaunerei. Auf unserer
Droschke, begleitet von einem italienischen Jungen, für den wir
nachher mitbezahlen mußten und der selbst ein hohes Trinkgeld
verlangte, wenn auch nicht bekam, kamen wir auf dem Pincio in
die Via Lazio. Dort wurde uns als erstes mitgeteilt, daß unser Zimmer seit zwei Tagen bereit stehe und »fara prezzo«. Nach diesem
Beginn Besuch bei Signora Jocca[6] und Axel von Harnack[7]. Beide
nicht zu Hause.

5. Außer dem unbekannten Bankkaufmann die Bonhoeffer-Brüder Klaus und
   Dietrich, die die Reise gemeinsam machten, und der katholische Seminarist
   Platte-Platenius.

6. Deutsche Ehefrau eines Italieners, die den beiden jungen Männern als Kon-
   taktperson in Rom empfohlen worden war.

7. Axel von Harnack (1895–1974), Sohn von Adolf von Harnack.

Ansichtskarte aus Rom (Petersplatz und Petersdom) an die Eltern; Poststempel: 6. April 1924.

Liebe Eltern
Nach der 44stündigen, aber doch fabelhaft schönen Reise
sind wir heute 2.00 Uhr in Rom eingetroffen. Von Innsbruck
an hatten wir herrliches Wetter. Durch Bologna machten wir
während des Aufenthalts mit einem katholischen Geistlichen
nachts einen 2stündigen Gang durch die Stadt. Hier ist Früh-
ling, grüne Wiesen und Mandelbäume. Axel angetroffen.
Morgen sonntags geht's ins Kolosseum und aufs Forum. Bald
mehr. Viele Grüße an alle
   Euer dankbarer Klaus
Wir waren in St. Peter. Es war fabelhaft.
   Euer Dietrich

Dann zum ersten Mal nach St. Peter. Der erste Eindruck ist
hier nicht der größte, wie immer, wenn man sich etwas jahrelang
ausgemalt mit den buntesten Farben der Phantasie und es nach-

her in Wirklichkeit viel natürlicher sieht. Immerhin ist man schon vom ersten Anblick überwältigt. Das Fehlen der Sitzbänke läßt die Architektonik viel gewaltiger heraustreten. Die Kuppel mit dem »Tu es Petrus …« ist das erste, was einem aus der Größe klar zu Bewußtsein kommt, sonst ist eine einheitliche Anschauung noch nicht zu bekommen.

Um 7 nach Hause durch ungeheures Getriebe auf den Straßen, Autos in rasendem Tempo, Ausschreier, bei deren Rufen man an furchtbare Hilferufe denkt, Kinder mit ihrem »Santo«. Ein Kind wirft eine Kupfermünze in die Luft, ruft »Santo«, lupft die Mütze und hofft auf einen guten Ausgang d e s Wurfes. Je nach der oben liegenden Seite gehört die Münze ihm oder dem Mitspieler; die Läden bis auf die Straße gebaut, Frauen mit Blumenkörben, die bunten Ölwagen, mit großem Geschrei und Geschicklichkeit durch die Menge jongliert, verwirren einen, sogar wenn man aus Berlin kommt, und machen einem das Zurechtfinden nicht leichter. Endlich pünktlich nach Haus gekommen, wagten wir uns nach dem Essen noch einmal in die Stadt. Je später es wird, desto größer wird das Getöse auf den Straßen, das schlimmste sind die Autos in den engen winkligen Straßen.

Roma - Il Colosseo

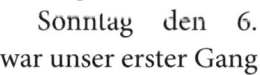

Ansichtskarte mit dem Kolosseum.

Sonntag den 6. war unser erster Gang zum Kolosseum. Das ist allerdings ein Bau von solcher Wucht und Schönheit, daß man schon beim ersten Anblick glaubt, nie so etwas gesehen zu haben, noch sich überhaupt habe vorstellen können. Die Antike ist ja gar nicht tot, das Wort Πᾶν ὁ μέγας τέθνηκεν[8] ist falsch, das wird einem ganz klar nach wenigen Augenblicken. Das Kolosseum ist umwachsen, umrankt von üppigster Vegetation, Palmen, Zypressen, Pinien, Kräuter und allerlei Gras; fast eine Stunde habe ich dort gesessen, dann ging es ins Forum. Es war geschlossen, wegen der Wahlen.[9] Aber schon von außen war der Eindruck gewaltig. Der Blick von dem Severusbogen[10] auf den Palatin nahm mich die ganze Zeit gefangen. Ich ging nach Hause immer wieder mit dem Gedanken: »der große Pan ist nicht tot«.

Ansichtskarte mit dem Kapitol.

Nachmittag Einladung bei Signora Jocca. Zu meinem großen Schrecken auf eine ganze Stunde mein sämtliches Reisegeld verlegt, und so zu spät zur Einladung. Dort noch Mutter und Junge. Unterhaltung halb Deutsch, halb Italienisch. Kleiner Spaziergang. Überall Autos mit Fascisten, die Flugblätter auf die Straßen warfen.

Montag nachmittag. Peterskirche mit unserem Reisekameraden, dem Priesterschüler. Montag vormittag Forum und Palatin.

---

8. »Der große Pan ist tot« (Plutarch, Moralia, 419 B – E).

9. Die Wahlen vom 6. April 1924, schwer beeinträchtigt durch Ausschreitungen und Manipulationen, waren gekennzeichnet vom Sieg der von den Faschisten dominierten Regierungsliste. Wenige Wochen danach markiert die Ermordung von Matteotti den Beginn der eigentlichen Diktatur Mussolinis.

10. Ehrenbogen des Kaisers Septimius Severus (193 – 211), erbaut 203, an der Ostseite des Forums.

Der Palatin ist nach dem Pincio wohl der schönste Ort in Rom, die herrlichen Anlagen, die weite Aussicht, die antiken Baureste, oft noch gut erhalten, machen die Gegend märchenhaft. Danach das Kapitol, das mich enttäuschte, in seinem Renaissancestil. Warum hat man nicht die paar alten Trümmer da gelassen mit der großen Freitreppe, es wäre noch immer schöner gewesen als dieser Neubau an solchem Orte. Zwischen Antike und ihrer Wiedergeburt ist eben doch ein gewaltiger Unterschied. Dienstag Nachmittag das Pantheon. Dieser von außen so wunderbar einheitliche Bau

Ansichtskarte mit Blick auf das Kolosseum vom Palatin aus.

Ansichtskarte mit dem Pantheon.

Ansichtskarte mit dem Forum Romanum.

ist innen von einem der seltsamerweise nicht seltenen stil- und geschmacklosen Päpste entsetzlich zugerichtet. (Ich bin froh, daß der Zugang Eintritt kostet!) So wird einem leider die Wirkung des Ganzen stark beeinträchtigt. Dann zu Signora Jocca. Dienstag Vormittag Thermenmuseum mit Bab's[11]. Am meisten beeindruckte mich ein Fragment einer schlafenden Furie, nur noch der

11. Koseform des Namens Barbara; nicht identifizierte Person.

41

Der Moses von Michelangelo.

Ansichtskarte mit der Basilika Santa Maria Maggiore, einer der 5 Patriarchalkirchen, erbaut im 5. Jahrhundert, Umbauten im 16./17. Jh.; mit Mosaiken aus dem 5. Jh.

Kopf als Relief erhalten und das Original des Aristoteles.[12] Nachmittag S. Pietro in Vincoli[13] mit dem Moses von Michelangelo[14], der mir nicht besonders gefiel. Es wird hier die Kette gezeigt, mit der Petrus gefesselt worden sein soll. Darauf in die weit schönere S. Maria Maggiore.[15] Große Basilika. Es war gerade Vesper, von

12. Büste des Aristoteles aus römischer Zeit (2. Jh. v. Chr.), wahrscheinlich nach einer Bronze des Lysipp (4. Jh. v. Chr.), aufbewahrt im Museo Nazionale Romano in den Diokletiansthermen, seit 1997 im Palazzo Altemps. Die Bezeichnung »Original«, die B. verwendet, bezieht sich wahrscheinlich auf die Tatsache, dass von der Büste mehrmals Kopien angefertigt wurden und einige dieser Kopien sich in anderen Museen der Welt finden. Die Büste stammt aus der Samlung des Kardinals Ludovisi, eines Neffen von Gregor XV., und wurde 1900 vom Fürsten von Piombino Boncompagni-Ludovisi für 1,4 Millionen Franken an den italienischen Staat verkauft.

13. Dreischiffige Basilika, Grundsteinlegung 431, An- und Umbauten im 8. Jh. und im 13. – 18. Jh.

14. Das berühmte Grabmal für Julius II., dessen Ausführung den großen Künstler einen großen Teil seines Lebens beschäftigte.

15. Eine der 5 Patriarchalbasiliken. Nach der Legende wurde sie von Papst Liberius an der Stelle erbaut, die von Maria selbst durch ein Schneewunder im Sommer (in der Nacht zum 5. August 352 oder 363) angezeigt wurde. Sie hieß deshalb auch Basilica Liberiana oder Santa Maria della Neve, »Maria Schnee«. In Wirklichkeit geht die Basilika auf das 5. Jh. zurück, sie wurde auf den Ruinen römischer Bauten errichtet; die lange Reihe von Erneuerungen und Restaurierungen wurde im 18. Jh. abgeschlossen mit der von Ferdinando Fuga entworfenen Fassade.

Kanonikern gehalten. Ich stahl mich in die Ecke von der kleinen Seitenkapelle und konnte alles verfolgen. Danach Klaus nach Haus, ich noch kurz nach St. Peter. Vor dem Eingang wird man jedesmal ernüchtert durch irgendeinen frechen Händler, der einem seine Sachen andrehen will. Ich erhandelte mir hier Karten für 2 Lire = 40 Pfennig. – Das Wetter ist leider unbeständig, bald Regen, bald Sonne. Mittwoch (vatikanische Sammlungen, nicht mehr dazu gekommen) Sixtina, furchtbare Fülle. Nur Ausländer, trotzdem der Eindruck unbeschreiblich.[16] – Nachmittag Pincio, herrlichste Aussicht. Ponte Molle nichts mehr zu sehen von hübscher Aussicht. – Abends Axel abgefeiert an der Fontana Trevi, in einer Trattoria, Guitarrespieler usw.

Ponte Milvio (Milvische Brücke), allgemein auch Ponte Molle genannt; erbaut 220 v. Chr., für die Via Flaminia, 109 v. Chr. in Stein erneuert; 312 n. Chr. erfocht Konstantin hier den entscheidenden Sieg über Maxentius. Der Baedeker nennt sie Ponte Molle und fügt erläuternd hinzu: »jetzt amtlich Ponte Milvio genannt«.

Ansichtskarte mit dem Trevi-Brunnen; die großartige Schauwand des Barockbrunnens wurde 1762 vollendet. Es heißt, wer eine Münze über die Schulter in den Brunnen wirft, kommt sicher wieder nach Rom.

16. In *Schöpfung und Fall*, veröffentlicht 1933, erwähnt B. das Fresko der Erschaffung Adams, vgl. DBW 3, S. 72 f.

ROMA - Basilica di S. Giovanni in Laterano.

San Giovanni in Laterano. Von Konstantin d. Gr. gegründete päpstliche Basilika. Heutige barocke Gestalt aus dem 16./17. Jh., Hauptfassade aus dem 18. Jh.

Donnerstag, den 10.4., Santa Maria sopra Minerva.[17] Michelangelo und Bernini am Altar, jeder einen Christus mit dem Kreuz.[18] Außerdem Lippi u.a. Die Kirche ist gotisch, was hier sehr auffällt. Nachmittag Laterankirche. Nur der Teil hinter der Konfessio für meinen Geschmack schön, die Propheten[19] aus der Berninischen Schule nehmen dem sehr hell gehaltenen Raum das Mysteriöse; danach Kallistus-Katakomben[20] mit schlechter Führung eines Dominikaners, dann noch Via Appia. – Abends mit unsern Pensionsgenossen; ein Russe, Levintoff, spielte sehr gut Klavier, dabei seine Braut, Italienerin, Schwägerin, Griechin, deren Freundin, Französin, und 2 Freunde und unsre deutsch-russische Tischgenossin. Freitag früh: Villa Borghese. Die unteren Säle sind schlecht eingerichtet, oben sind fabelhafte Originale; Tizian: Himmlische und irdische Liebe, Raffael: Grablegung u.a., Leonardo, Andrea del Sarto und Niederländer.[21]

17. Die Kirche wurde – so wird behauptet – im Jahr 800 in der Nähe des von Domitian errichteten Minerva-Tempels erbaut (aber nicht, wie oft behauptet wird, auf dessen Trümmern); die seit dem 14. Jh. von den Dominikanern des daran anschließenden Konvents betreute Kirche wurde wiederholt erneuert, bis im 19. Jh. der Versuch unternommen wurde, das Innere im Sinne der Neugotik zu gestalten, mit wenig geglücktem Erfolg.

18. Von Michelangelo stammt die Statue *Christus mit dem Kreuz* links vom Altar; die Statue rechts, Johannes d. Täufer darstellend, stammt von Giuseppe Obici (1858). B. verwechselt Johannes mit Christus und schreibt das Werk irrtümlich Bernini zu.

19. In Wirklichkeit sind es die Apostel von Francesco Borromini.

20. An der Via Appia, mit mehreren Gräbern von Päpsten des 3. und 4. Jh.

21. Von der Mailänder Schule Leonardos sind zahlreiche Zeichnungen aufbewahrt, darunter die Kopfstudie eines Mädchens; von Andrea del Sarto stammt die *Madonna mit dem Kind und dem Johannes-Knaben*.

44

Erst heute habe ich mich entschlossen zu schreiben; bis jetzt war man vom vielen Sehen zu müde. Heute nachmittag auf dem Trajansforum. Die Säule ist herrlich, aber das andere sieht aus wie ein abgepflückter Gemüsegarten. Ich war nach meinen großen Erwartungen nach Bädeker sehr enttäuscht, und wir hatten nichts Eiligeres zu tun, als uns in die Bahn zu setzen und nach San Paolo fuori le mura zu fahren. Eine herrliche alte Basilika, leider oft restauriert, im Bau genau wie der Lateran: Lang- und 1 Querschiff, die Apsis hier etwas kleiner. Im Ganzen ist diese Kirche viel stilreiner und einheitlicher als der Lateran, auch dunkler gehalten; als wir hereinkamen, hörte man aus einer Nebenkapelle Orgelspiel und Gesang. Es war schon gegen Abend und sehr stimmungsvoll.

Die Villa Borghese, erbaut im 17. Jh., liegt in einer großzügigen Parkanlage und beherbergt die Galleria Borghese. B. kommt am 25. Mai nochmals hierher, s. u. S. 106.

Das Forum Trajanum ist chronologisch das letzte der römischen Kaiserforen. Auf Anordnung von Kaiser Trajan erbaut, wurde es 107 eingeweiht, die Trajanssäule 113.

Herrlicher Kreuzgang; die alle voneinander verschiedenen Säulen mit mühseligster Mosaikarbeit geziert. Der Eindruck ist etwas orientalisch. – Darauf gingen wir noch ein Stück auf der Via antica Ostiensis und beobachteten einen großartigen Sonnenuntergang. Die Sonne ging vom grellsten Gelb allmählich ins Rötliche, Bläuliche über. Es entstanden merkwürdige Wolkenfärbungen.

Roma · Basilica di S. Paolo.

San Paolo fuori le Mura, eine der 5 Patriarchalkirchen, wurde 324 während der Herrschaft Konstantins d. Gr. geweiht. Nachdem die Kirche 1823 durch einen Brand zerstört worden war, wurde sie nach den ursprünglichen Plänen wieder aufgebaut. Die Linie 5 der »Tramways Elettrici«, Kennzeichen: grüne Signalscheiben, fuhr von der Piazza Venezia bis San Paolo fuori le Mura über Via del Plebiscito, Piazza del Gesù, Corso Vittorio Emanuele, Via di Torre Argentina, Piazza Benedetto Cairoli, Via Arenula, Lungotevere dei Cenci, Lungotevere di Pierleoni, Via della Salara, Via della Mormorata, Porta S. Paolo, Via Ostiense. Der Baedeker warnte, auf Taschendiebe zu achten ...

Große gerissene Fetzen schillerten bald ganz ins Rote, der Himmel wurde tiefblau und die Wolken schwarz, davor die noch als tiefgrün zu unterscheidenden Zypressen und Pinien und die im Abendlicht immer gelblich erscheinenden Häuser der Stadt. Ich habe aber bisher noch nichts geschrieben von unsrer Wohnung. Wir wohnen in einem sauberen Hause in unmittelbarer Nähe des Pincio, auch das Zimmer ist nett und säuberlich. In den Betten muß man wohl in Italien frieren, ich tue es zwar nicht, aber sonst alles. Leider sind wir an Mahlzeiten gebunden, sonst würden wir öfter in eine Trattoria gehen; dem Preis und der Abwechslung zuliebe. Unsere Wirtsleute sprechen nur Italienisch, was mir sehr gelegen ist, zumal da Klaus mir nicht die Gelegenheit zu sprechen nimmt, er hält sich in vornehmer Unkenntnis der Sprache. Bei Tisch ist der Turmbau zu Babel leibhaftig da: Italiener, Russen, Griechen, Franzosen, Engländer, und wir Deutschen. Am meisten Sprachen beherrschen die Russen, am schlechtesten die Engländer, dann die Deutschen.

Sonnabend den 12. Als wir aufstanden, Regenwetter, ein bißchen im Heiler[22] gelesen; dann hellte es sich auf, und wir gingen in Maria dei Cappuccini, ein großer Gang mit mehreren einzelnen Abteilen ist hier ausgeschmückt mit den Gebeinen von 4000 toten Mönchen; manche sind als ganz eingetrocknete Leichen noch auf-

Klaus Bonhoeffer, Bruder und Reisegefährte Dietrichs.

gesetzt und mit den Gebeinen der anderen umrahmt, wohl die Äbte.[23] Seit 1627 ist das begonnen, 1870 vom Staat verboten. Der katholische Auferstehungsgedanke scheint durchkreuzt (siehe Ketzerverbrennung). Die religionsgeschichtliche Vorgeschichte muß ich erkunden. – Dann Palazzo Barberini mit wenigen, aber umso schöneren Sälen: Andrea del Sarto, Reni, Tizian.[24] Die Niederländer kann man in solcher

Santa Maria della Concezione (1624), Kirche der Kapuziner.

22. Friedrich Heiler (1892–1967), Professor für vergleichende Religionsgeschichte in Marburg. Ursprünglich Katholik, konvertierte er 1919, unter dem Einfluss von Söderblom, zum Protestantismus. Das Buch, auf das B. anspielt, ist wahrscheinlich »Der Katholizismus« von 1923.

23. Die Kapuziner gehören zur franziskanischen Familie, sie sind also Bettelbrüder und keine Mönche, so dass der Begriff »Abt« als Bezeichnung der Oberen unpassend ist.

24. B. bezieht sich wahrscheinlich auf das Bild *La schiava* von Palma il Vecchio, das oft irrtümlich Tizian zugeschrieben wird. Von Del Sarto gibt es dort eine *Heilige Familie* und von Reni ein *Schlafendes Kind*.

Vorderansicht des Palazzo Barberini. Der Bau wurde 1626 von Carlo Maderna begonnen und 1633 von Borromini und Bernini vollendet. Er beherbergt die Galleria Nazionale d'Arte Antica.

Umgebung nicht begreifen. Während mir in Berlin doch der rechte Sinn für italienische Malerei, wie ich erst jetzt merke, gefehlt hat, so fehlt er mir hier für die in Berlin von mir am meisten geliebten Niederländer. Es ist seltsam, wie schnell die andere Atmosphäre, Flora und sonstige Umgebung sich selbstverständlich macht und

16 · ROMA - Monte Pincio e veduta della Cupola di S. Pietro.

Blick vom Pincio auf die Kuppel von St. Peter.

48

einen ganz heimatlich anmutet. Nach Haus gekommen fand ich unsre Rechnung vor, die mich sehr entzückte, denn sie war um $^1/_3$ kleiner, als ich gedacht hatte, so konnte ich ohne Bedenken in die nächste Woche gehen. Vor Freude gingen wir in eine Trattoria an der Fontana Trevi und tranken zusammen mit Maria Weigert[25] einen ausgezeichneten Vino Bianco und aßen Landkäse. Dann wieder mal aufs Forum, wo ich auf einer umgestürzten Säule eine Stunde in herrlichsten Träumen zubrachte, der Himmel war klarblau geworden, davor nur die drei Säulen des Castor- und Polluxtempels, außerdem einen guten schweren Landwein im Magen, alles das verhalf zu einer herrlichen Stunde, die mich ganz in die Antike versetzte. Dann Palatin mit schönster Aussicht. Der Sonnenuntergang auf dem Pincio ist aber noch schöner; Droschkenfahrt nach dem Pincio, dort um viertel 8, als schon die Dämmerung stark hereinbrach. Der Tageshimmel ist hier nicht sehr von der Färbung bei uns unterschieden, erst der Nachthimmel oder vielmehr der der Dämmerung, wenn das tiefe Blau den Hintergrund für leuchtende Orangenbäume bietet, ein violettes Blau, wie wir es gar nicht kennen. – Es ist schon wieder halb 11 Uhr geworden, eben habe ich noch zum Schluß ein Viertelchen Wein mit Klaus zusammen getrunken. – Morgen früh Messe in der Peterskirche, ich freue mich sehr.

Palmsonntag. Ich sitze im Kolosseum bei herrlichem Wetter, es ist 4 Uhr. Heute vormittag von zehn bis halb 1 Uhr Messe in St. Peter, von einem Kardinal gehalten. Das unglaublichste war der Knabenchor. Zum Teil haben sie ausgebildete Stimmen wie Frauen, es sollen Kastrierte sein.[26] Zum Teil aber noch herrliche ausgesprochene Kinderstimmen. Mit dem Berliner Domchor ist der Vergleich lächerlich. Der Palmsonntag steht in der katholischen Kirche schon ganz unter dem Eindruck der Passion, die

25. Maria Weigert Brendel (1902–1994), Nachbarin und unzertrennliche Freundin von B. ab dem Alter von 4 Jahren, studierte Archäologie und lehrte an verschiedenen Universitäten in Europa und in den USA.

26. Die Aufnahme von Kastraten in den Chor der Sixtina ist unter Leo XIII. (1878–1903) verboten worden.

Verkauf von Ölzweigen am Palmsonntag.

ganze Passionsgeschichte wird verlesen im Wechselgespräch zwischen Evangelisten, Jesus, Pilatus usw. und Chor. Bei uns ist Palmsonntag doch eher der Tag der höchsten Freude, wenn natürlich auch der Gedanke an das Kommende, aber doch nur unwillkürlich, mitspricht. Am Altar standen außer dem Kardinal noch viele hohe Geistliche, Seminaristen, Mönche. Fabelhaft wirkt die Universalität der Kirche, Weiße, Schwarze, Gelbe, alle in geistlichen Trachten vereint unter der Kirche, scheint doch sehr ideal. Bei der großen Prozession wurden die Palmen gesegnet: große, gelbe, geflochtene Zweige. Ich hatte das Glück, neben einer Katholikin zu stehen, die das Messebuch hatte, so daß ich alles verfolgen konnte. Herrlich war das Credo des Chors und darin das ja fast in allen Messen schönste conceptus de spiritu sancto natus ex Maria virgine[27], die Stimmen waren hier so zart und klangvoll, wie ich es wohl nie gehört hatte. Ich muß jetzt nach Trinità dei Monti zum Nonnenvespergesang. Schon wieder habe ich 2 Tage ausgesetzt mit Schreiben! Also am Sonntagnachmittag in Trinità dei Monti. Es war fast unbeschreiblich. Um 6 Uhr kamen etwa 40 junge Mädchen, die Nonnen werden wollen, in feierlichem Zuge, Nonnenkostüme mit blauer oder grüner Schärpe, hineingezogen. Die Orgel setzt ein und mit unglaublicher Einfachheit und Anmut singen sie mit großem Ernst ihren Vespergesang, während am Altar ein Priester amtiert. Der Eindruck war bei diesen Novizinnen[28] noch viel größer, als er bei richtigen Nonnen gewesen wäre, weil so jegliche Spur von Routine fehlte, ja der Ritus nicht mehr nur Ritus war, sondern Gottesdienst in wahrem Sinne. Das Ganze machte einen unerhört unberührten Eindruck tiefster Frömmigkeit. Als sich nach dem halben Stündchen die Tür wieder öffnete, hatte man den herrlichsten Blick über die Kuppeln von Rom bei untergehender Sonne. Ich ging nun noch etwas auf dem Pincio spazieren. Der Tag war herrlich gewesen, der erste Tag, an dem mir etwas Wirkliches vom Katholizismus aufging, nichts von Romantik usw., sondern ich fange, glaube ich, an, den Begriff ›Kirche‹[29] zu verstehen.

Ein erster Teil der Kirche Trinità dei Monti auf dem Pincio wurde zwischen 1502 und 1519 von den Franzosen erbaut. Die jetzige Fassade mit den charakteristischen Türmen wurde 1584 vollendet.

27. B. zitiert hier das Symbolum Apostolicum; wahrscheinlich wurde aber der Text des Nicaenum gesungen: »Et incarnatus est de Spiritu Sancto ex Maria virgine«.

28. Wahrscheinlich handelte es sich nicht um Novizinnen, sondern um Schülerinnen des Internats der französischen Sacré-Cœur-Schwestern aus dem anschließenden Konvent; den Gesang in dieser Kirche hat bereits Felix Mendelssohn-Bartholdy gerühmt.

29. Zur Diskussion des großen Themas des Katholizismus vgl. die Einführung, S. 18 ff.

Laokoon, Marmorgruppe des Hagesandros (zusammen mit Athanadoros und Polydoros), 1. Jh. n. Chr.

Montag, den 14. Vormittag im Vatikan nur Antike, allein. Gleich als erstes konnte ich mich nicht in den Anfangssälen aufhalten, sondern ging vor Begierde gleich ins Belvedere. Als ich da zum erstenmal den Laokoon sah, durchfuhr mich tatsächlich ein Schrecken, denn er ist unglaublich.[30] Ich habe lange Zeit hier und beim Apollon[31] zugebracht, dann mußte ich mich aber losreißen zu den anderen Sachen. Ich will hier nicht aufzählen. Der Perikleskopf war fabelhaft, aber noch vieles andre.

Nachmittag Maria Maggiore[32], großer Beichttag, alle Beichtstühle besetzt und von Betenden umdrängt. Man sieht hier so erfreulich viel ernste Gesichter, bei denen alles, was man gegen den Katholizismus sagt, nicht zutrifft. Auch Kinder beichten mit wirklicher Inbrunst, das ist sehr ergreifend zu sehen. Die Beichte ist für viele von diesen Leuten kein ›Muß‹ mehr, sondern Bedürfnis geworden. Die Beichte muß nicht zur ›Skrupulosität‹ führen, so oft das vorkommen mag und gerade bei den Ernstesten immer wieder wird. Sie ist auch nicht nur Pädagogium, sondern für primitive Menschen die einzige Möglichkeit, mit Gott sprechen zu können, für religiös Weiterblickende die Vergegenständlichung der Idee der Kirche, die sich in Beichte und Absolution vollzieht.

Dienstag, den 15. Vormittags kapitolinisches Museum. Begeistert hat mich die lupa Capitolina und der Dornauszieher[33] am meisten. Außerdem ist ein glänzender Kopf einer »Vecchia« da, sonst

---

30. Marmorgruppe des Hagesandros (zusammen mit Athanadoros und Polydoros), 1. Jh. n. Chr.; zum Eindruck, den der *Laokoon* auf B. gemacht, vgl. die Einführung, S. 17.

31. Apollo von Belvedere (ca. 350 v. Chr.), Werk von Leochares, Kopie eines im Original in Bronze ausgeführten Werks.

32. Gemeint ist natürlich Santa Maria Maggiore.

33. *Dornauszieher,* Bronze des 1. Jh. v. Chr.; dargestellt ist ein Junge, der versucht, einen Dorn aus dem Fuß zu ziehen.

ist das Museum meinem Geschmack nach nicht so gewaltig, d. h. der »sterbende Gallier«[34] ist nicht zu vergessen. – Nachmittags wieder Maria Maggiore. Ich traf hier zum 2. Mal einen kleineren Jungen, der hier mit seinem Vater hinkam, um zu beichten. Offenbar hatte er etwas bei der vorigen Beichte vergessen, er kam das zweitemal recht aufgelöst vom Beichtstuhl zurück, oder der Vater erzieht das Kind geradezu zum Skrupulanten, das größte Verbrechen, was man an einem Kinde tun kann in kirchlicher Beziehung. Ich werde wohl oft in diese Kirche gehen, mehr um kirchliches Leben zu beobachten als aus künstlerischen Gesichtspunkten, obwohl sie auch hierin mit zum Schönsten gehört.

Kapitolinische Wölfin, etruskische Bronze des 5. Jh. v. Chr.; die Zwillinge sind eine Hinzufügung des späten 15. Jh.

16.4.24
Liebe Eltern!
Eure Nachricht kam gestern. Wir danken Euch sehr schön. Mit der Zollrevision ging übrigens alles ganz glatt, sie haben sich die Sachen gar nicht angesehen. – Es wird hier wirklich von Tag zu Tag schöner, ich muß Euch bald wieder ausführlich schreiben, denn es gibt furchtbar viel zu erzählen. Besonders von den hiesigen Gottesdiensten in der Peterskirche. Morgen ist Gründonnerstag, hier einer der größten kirchlichen Feiertage. Karfreitag will ich in den Lateran, wo schön gesungen werden soll. – Gerade sind wir dabei, in die Farnesina zu gehen und die Raphaels anzusehen, die bei uns zu Hause hängen. Montag gehts los nach Palermo, Gasthauswissen haben wir schon für unsre Reise. Herzliche Grüße von Klaus und Eurem dankbaren
Dietrich

Postkarte aus Rom an die Eltern.

34. *Sterbender Gallier,* römische Kopie aus dem 1. Jh. v. Chr. nach einem hellenistischen Original aus dem 3. Jh. v. Chr.

Liebe Sabine![35]
Nur schnell die Nachricht, daß ich hier für 27 Mark[36] *eine
schöne Guitarre mit einer verstellbaren Baßsaite kaufen
könnte. Es gibt – wenn Grete auch eine wollte, dann schi-
cke mir dann das Geld am besten in Rentenmark. Es ist
nämlich doch erlaubt, an Adresse von Signora Jocca, Corso
de Italia 29. Denn bevor ich nach Palermo gehe, kommt es
doch nicht mehr an. Und, ob ich dann noch hier wohne,
weiß ich nicht. Ich werde mich auf Sizilien noch nach anderen Gitarren umsehen. Kannst Du mir nicht ein bißchen
Geld vorschießen? Es gibt hier so herrliche Fotographien
und Reproduktionen, sehr billig, aber für mich noch zu
teuer. Wenn Du es irgendwie fertigbringen kannst, wäre
mir es sehr recht. Außerdem sieh' doch einmal zu, ob Du
irgendeine Fotographie von mir finden kannst, für einen
Ausweis für Museumsbesuche. Grüß alle recht schön und
fröhliches Fest wünscht Euch*
Euer Dietrich

*Brief an Sabine
Leibholz Bonhoeffer.*

Mittwoch, den 16. Vormittags waren wir zusammen in der
Villa Farnesina, die Raphaels anzusehen. Sie sind scheußlich re-
noviert mit einem Hintergrund in preußisch-blau, so fällt es einem schwer, sich dafür zu begeistern. Im Nebensaal die »Gala-
thea«, die ganz besonders schön ist. Nachmittag zu Haus, dann

---

35. Sabine Bonhoeffer, Zwillingsschwester von Dietrich; sie heiratet 1926 den
Juristen jüdischer Abstammung Gerhard Leibholz. 1938 emigrieren die
Leibholz wegen der Rassengesetze nach Großbritannien und bleiben dort
bis zum Ende des Krieges.

36. Am 15. November 1923 in Kraft getretene Währung zur Eindämmung der
furchtbaren Inflation im Nachkriegs-Deutschland. Sie ersetzte die völlig
entwertete *Papiermark* und wurde ihrerseits am 30. August 1924 durch die
Reichsmark ersetzt.

kurzer Spaziergang nach »Gesu«[37], wo gerade die Lamentationen[38] waren. Die sehr prunkvolle Kirche, deren rechter Nebenaltar wie ein großes Blumenmeer, z. T. vom Volk geschmückt, aussah, war

37. Die Kirche *Il Gesù,* Baubeginn 1568, wurde 1584 geweiht; sie war die erste Kirche der Jesuiten in Rom und zugleich ein großer architektonischer Ausdruck der Gegenreformation; in ihr befindet sich das Grab von Ignatius von Loyola, dem Gründer des Jesuiten-Ordens; von den zahlreichen Kunstwerken sei eine Skulpturengruppe genannt, die B. entgangen zu sein scheint: *Die Religion geißelt die Häresie,* wobei letztere mit den Werken von Calvin, Zwingli und Luther identifiziert wird.

38. Abschnitte aus den Klageliedern (Lamentationes Jeremiae) des Alten Testaments, die zu den Vigilien des Gründonnerstags, des Karfreitags und des Karsamstags gelesen werden.

Villa Farnesina. Villa in Trastevere, erbaut 1508–1511 von Baldassarre Peruzzi, mit Fresken von Raffael und seinen Schülern. Besonders kostbar das Fresko Triumph der Galatea.

nur durch die allmählich ausgelöschten Altarkerzen und ganz wenig Gas beleuchtet, vorn standen die weißgekleideten Jesuiten und vollführten kunstvolle Zeremonien.[39]

Gründonnerstag früh St. Peter um 10 Uhr. Plätze durch den Kirchendiener Eusebius, die Feierlichkeiten hatten schon angefangen. Am Altar der Kardinal, zu beiden Seiten des Altars dem Rang nach hintereinander sitzend waren die Kinder aus den Seminaren, Priester, Bischöfe usw. Der Papst scheint dieses Jahr nicht zu kommen. Zuerst der Messegesang, dann große Kommunion, für alle Geistlichkeiten. Der Chorgesang dazu war unglaublich eindrucksvoll. Nachmittags wieder St. Peter. Wieder wurde mit Lamentationen begonnen, natürlich für jeden Tag verschieden, darauf das Miserere, mein Meßbuch stimmte nicht gut überein, so konnte man schlecht verfolgen. Dann große Prozession auf den päpstlichen Altar. Jeder der Geistlichen und Seminaristen bekam einen Stock mit einem Büschel in die Hand, dann begann die Prozession, zuerst bestieg der Kardinal, dann nacheinander alle andern den Altar und fegten, nachdem er von allen darauf befindlichen Dingen (Decke, Kruzifix) entblößt war, als Symbol übrigens für den Raub der Kleider Jesu, über ihn weg, zum Zeichen der Reinwaschung. – Darauf zogen sie in die Kapelle zum Allerheiligsten, dabei schöner Gesang. Karfreitag früh St. Peter um 9 Uhr, wieder gute Plätze. Verlesung des Evangeliums; dann die ungemein feierliche adoratio crucis; der Celebrant holt selbst vom Altar das Kreuz herunter; darauf Anbetung durch alle Geistlichkeiten, Niederknien und Küssen des Kreuzes. Dazu herr-

---

39. Vgl. die Postkarten vom 16. April 1924 an die Eltern (s. S. 53) und an Sabine (S. 54).

licher Gesang und Antwort im Chor, dann Prozession zum Allerheiligsten, wo's in einer Urne begraben wird. Bis Karsamstag gibt es jetzt kein Allerheiligstes mehr.

Nachmittag wieder St. Peter um halb 5 Uhr mit unserm katholischen Priesterseminaristen Platte-Platenius. Jetzt ging mir zum erstenmal die Meßordnung auf, da er das Missale Romanum mithatte. Die Liturgie war fabelhaft zusammengestellt, interessant, wie die katholische Kirche Psalmen für ihre Zwecke auslegt, die ganz andere historische Bedeutung haben.

Das »Christus factus«, »Benedictus« (Luk. 1-2) und Miserere (Ps. 50) im Chor einfach unbeschreiblich, drei Soli für Alt, von einem Kastraten, von denen gewöhnlich 2 im Chor mitsingen, Tenor und Baß. Die Kastraten sind ein Orden, die in alle Chöre einzelne besonders hervorragende Sänger schicken.[40] Sie haben in ihrer Art zu singen etwas durchaus unmenschliches, englisches, ohne Leidenschaft, in eigenartig schwärmerischer Verzückung. – Auf dem Rückweg lange Unterhaltung mit Platte-Platenius über die Bedeutung des Opfers in der katholischen Kirche. Der moderne Katholizismus symbolisiert, was er verstandesmäßig nicht begreifen kann; der Protestantismus läßt hier auch noch die Symbole fallen, ist traditionsloser und ehrlicher. Platte-Platenius verstieg sich zu dem Urteil, im Grunde genommen wäre der heutige Katholizismus noch Urchristentum, die Tradition der 19 Jahrhunderte habe verklärt; mir scheint wahrscheinlicher, daß zwar die Tradition von 1900 Jahren vergeistigt und insofern verklärt hat, in dieser Vergeistigung aber das ursprünglich viel Sinnlichere verfälscht hat; daher die Berechtigung der Reformation, die die katholische Kirche vom anderen Standpunkt aus bestreitet.[41]

Ostersonnabend: Morgens im Lateran, leider um 8 Uhr schon Feuerweihe vorbei, dann folgte die Weihung des Taufwassers im Baptisterium. Das Taufbecken, schön geschmückt, umstanden die Geistlichkeiten, unter ihnen der Celebrant Kardinal

---

40. Vgl. die Einführung, S. 18.

41. Gestrichen: »Beim Katholizismus spielt eben nie die *Sache* die größte Rolle.«

Pamphili[42], Stellvertreter des Papstes. Es herrschte eine erfreulich lebhafte, freudige Stimmung unter dem Klerus, Vorfreude auf's große »Gloria« in der Messe, d. h. auf die Auferstehungsbotschaft. Diese Vorwegnahmen der Stimmungen muten uns ja eigenartig an, die wir Ostersamstag doch noch unter dem Eindruck des Karfreitag begehen. So scheiden sich zwei Menschentypen ganz klar, ein Typus, der immer schon unter dem Eindruck des Kommenden steht und darüber die Sachlichkeit für den Augenblick verliert, die der zweite Typus in besonderem Maße hat. Das eine sind die Propheten, Schwärmer[43], die Erwarter, die andern die Sachlichen, oft Tieferen, bis auf den Rest Auskostenden, die einen die mehr Spekulativen, die andern die mehr Grüblerischen. – Nach der Wasserweihe wieder Prozession in der Kirche: Weihe der 7 theologischen Rangstufen.[44] Zu allererst die Tonsurschneidung der Jüngsten, dann die erste Weihung zum Ostiarier (Berührung des Schlüssels, Läuten der Glocken), dann zum Lektoren (Berührung des Buchs), zum Exorcisten (Berührung des Beschwörungsformelbuchs), zum Akolythen (Berührung der Kerze und des Kelchs). Nach den 4 niederen die 3 höheren: Subdiakon, der Ehelosigkeit und Befolgung des Breviergebets geloben muß; Diakone, die predigen dürfen; dann zuletzt Priesterweihe. Alle drei letzten eng an die Messe angefügt mit Präfation. Die Priesterweihe fällt in mehrere Teile: 1. wie bei allen andern Umhängung des Dienstkleides und Segen, 2. Salbung und Bindung der Hände, 3. Berührung des Kelchs und Platte[45] mit den gebundenen Hän-

---

42. Gemeint ist offenbar Kardinal Basilio Pompilj (1852–1931), Generalvikar für das Bistum Rom von 1913 bis 1931 (vgl. auch den Brief an die Eltern (S. 60 f.).

43. Als *Schwärmer* wurden im 16. Jh. die Anhänger der Reformation bezeichnet, die den religiösen Neubeginn auch mit einem sozialen und gesellschaftlichen Umbruch verbunden wissen wollten.

44. Im Folgenden werden die 7 Weihestufen des katholischen Weihesakraments, die bis zum II. Vatikanischen Konzil in Geltung waren, aufgezählt.

45. Gemeint ist die Patene. B. lässt die eigentliche Weihehandlung aus: die Handauflegung des weihenden Bischofs (und der anwesenden Priester) und das Weihegebet.

den, 4. Kommunion und Übertragung der Gewalt, Sünden nachzulassen.

Nachmittag in armenischem Auferstehungsfest.[46] Der Eindruck war der eines orientalischen Märchenspiels, mit ungeheurem Prunk und Kunstaufwand das ganze Zeremoniell durchgeführt. Der Chor war gut, die Melodien alt und sehr interessant. Ein Junge von vielleicht 12 Jahren hielt als einziger Sopran mit gewaltiger und schöner Stimme die Melodie gegen einen ganzen Männerchor. Die jungen Leute waren mit einem braunen Rock mit rotem Obergewand oder rotem Rock mit buntgesticktem Obergewand angetan; die beiden Bischöfe mit weißen Kleidern (goldbestickt), gewaltigen Mitras, ihren langen weißen Bärten und ihrem scharfgeschnittenen ernsten Gesicht machten einen sehr ehrwürdigen Eindruck. Eigenartig theatralisch wirkte das wiederholte Auf- und Zuziehen des vor dem mit Kerzen sehr poetisch beleuchteten Altar befindlichen Vorhangs. Die Gesichter der jungen Leute, im ganzen zwischen 17 und 20, waren gebildet und ernst. Nach der Kirche Marion Winter[47] getroffen. Mit Platte-Platenius nach Haus. Lange beiderseitig lebhaft geführte Unterhaltung, er versuchte, Kant zu bekämpfen, geriet aber dabei wider Willen in die üblichen katholischen circuli vitiosi, glaubt außerdem an den Gottesbeweis aus der Zweckmäßigkeit der Welt als Erkenntnis und verwirrte dabei natürlich immer logische und Glaubens›erkenntnis‹, daher die Zirkelschlüsse. Er möchte mich gern bekehren und ist in seiner Art sehr ehrlich überzeugt. So bringt er es am wenigsten zustande! Durch dialektische Kunst-

---

46. Gottesdienst der (mit Rom unierten) Armenisch-katholischen Kirche, wahrscheinlich in der Kirche San Nicola da Tolentino oder San Biagio degli Armeni.

47. Ehemalige Klassenkameradin, spätere Gräfin Yorck von Wartenburg (vgl. DB, S. 58; siehe M. Yorck von Wartenburg, *Die Stärke der Stille,* Moers: Brendow Verlag, 1998, S. 14. Marion heiratet den Grafen Peter Yorck von Wartenburg, einen bekennenden Lutheraner und entschiedenen Nazi-Gegner, der dem Kreisauer Kreis angehörte; er wurde am 8. August 1944 zum Tode verurteilt und gehängt.

griffe, die er allerdings nicht als solche gebraucht. Durch diese Unterhaltung bin ich mit meiner Sympathie doch wieder weit zurückgegangen. Die katholische Dogmatik verhängt alles Ideale am Katholizismus, ohne es zu wissen. Beichte und Beichtdogmatik ist ein gewaltiger Unterschied. ›Kirche‹ und ›Kirche‹ in der Dogmatik leider ebenso!

Erste Seite des Briefs an die Eltern aus Rom vom 19. April 1924.

Stillsonnabend den 19. IV.
Liebe Eltern!
Augenblicklich ist Ostersonnabendabend, Klaus ist noch mit einem Klassenkameraden, den er hier traf, spazieren gegangen. Ich bin nun seit Mittwochnachmittag jeden Vor- und Nachmittag in St. Peter oder im Lateran gewesen und habe die Messen ganz genau verfolgt und studiert. Der Katholizismus wird einem so wirklich erst hier ganz klar und ganz besonders, wenn man das Meßbuch genauer studiert. Die Texte sind teils biblisch, teils datiert man sie bis spätestens in[s] 9. Jahrhundert. Durch den oft bei uns so abscheulichen Vortrag dieser Texte durch Priester und Chor denkt man, der Text sei entsprechend. Das ist aber ganz falsch. Die Texte sind zum größten Teil wunderbar poetisch und klar, alle ausgehend von dem Hauptgedanken in der Messe, dem Opfertod und dessen stetiger Wiederholung im Vollzug des Meßopfers in der Kommunion. Die Gedanken sind historisch

sehr interessant, werden nur jetzt von der modernen katholischen Theologie so furchtbar ins Symbolische gezogen, daß man sie fast gar nicht verstehen kann. Das Zeremoniell ist immer mit ungeheurer Feierlichkeit vollzogen und macht durchaus einen klassisch gehaltenen Eindruck. Eine Ausweitung dieses Zeremoniells sah ich heute nachmittag im armenisch-katholischen Auferstehungsfest. Hier nehmen sie ja immer schon die Begebenheiten vom nächsten Tag, in diesem Fall also Ostern, in den Nachmittag des Vortags, so als ob sie sich nie einen Augenblick besinnlich dem Augenblick hingeben könnten. So trägt hier sogar schon Palmsonntag das Gepräge des Karfreitag. Zum Teil hängt das auch mit zeremoniellen Bestimmungen zusammen, aber auch sonst stimmt diese dauernde Antizipierung gut mit der etwas erregten, dramatischen, nicht-erwarten-könnenden Stimmung bei den Zeremonien überein. Also heute nachmittag in dem armenischen Gottesdienst spielte nur noch das Zeremoniell und Symbol eine Rolle. Das Ganze machte den Eindruck eines orientalischen, sehr poetischen Märchenspiels. Die Kostüme der Geistlichkeiten waren durchaus asiatisch, der Chor sehr merkwürdig in der Art zu singen und den Melodien. Die Zeremonien stammen aus dem 2. und 3. Jahrhundert n. Chr. und scheinen seitdem allmählich ganz erstarrt, ohne neues Leben, mit wie großem Ernst und Fanatismus auch die Leute dabei sind. Auf diesem Wege scheint aber der Katholizismus der römischen Kirche auch zu sein, wenn auch noch lange nicht so weit. Es gibt doch hier noch viele Einrichtungen, wo lebendiges religiöses Leben noch eine Rolle spielt, so z. B. der Beichtstuhl. Eine Einigung mit dem Protestantismus, so gut es vielleicht beiden Teilen wenigstens zum Teil bekäme, ist wohl ausgeschlossen. Der Katholizismus kann noch lange weiter ohne Protestantismus, das Volk hängt noch sehr fest [an ihm,] und oft kommt einem gegen die hiesigen Feierlichkeiten in diesem gewaltigen Umfange die protestantische Kirche wie eine kleine Sekte vor. Mit unserm Priester (aus Bologna her) bin ich viel zusammen und laß mir viel von ihm erklären. Er will im Kloster Monte Cassino, wo er auf ein paar Tage hingeht, auch mich anmelden. Die Benediktiner sind dort sehr gastfreundlich und es wird sicher sehr interessant.

Also übermorgen geht es nach Palermo, 26 Stunden Fahrt. Ich freue mich schon sehr; die Karwoche mit den vielen Gottesdiensten, bei denen man doch

zumeist stehen mußte, etwa 4 Stunden lang jedesmal, hat einen doch etwas
müde gemacht. Morgen abend sind wir bei Signora Jocca. – Daß in Berlin
alles weiter gut geht, erfuhr ich von Sabine. Das nächste Mal erzähle ich von
was anderem. Herzlich grüßt Euch und wünscht Euch warmes Osterwetter
    Euer dankbarer Dietrich

    Brief an die Eltern aus Rom vom 19. April 1924.

    Ostern morgens um 10 Uhr Hochamt in der Peterskirche, der Priester war wieder mit und ich konnte so alles verfolgen. Die Sixtinische Kapelle sang – man kann es sich kaum denken – noch viel schöner als der Chor bisher. Ich kann nicht sagen, daß mich gerade dieser Gottesdienst am meisten beeindruckt hat. Am Nachmittag bei Joccas; die Frühlingssonate[48] gespielt: ein merkwürdiger Eindruck, auf italienischem Boden ein so charakteristisch nicht italienisches Stück zu hören, gespielt mit italienischem Pathos und Leichtlebigkeit. Am Abend Vorbereitungen für die Reise nach Sizilien. Mit schwerem Herzen trennte ich mich, wenn auch nur auf 14 Tage, wenn es auch nach Neapel und Sizilien gehen sollte, von Rom, das mir schon in den 2 ½ Wochen lieber und vertrauter als jede andre Stadt geworden war, das mich in 2 Wochen mehr hat lernen lassen als jede andre Stadt, das einmal auf lange Zeit verlassen zu müssen, wie es mir ja schon in 6 Wochen bevorsteht, mir noch ein ganz unfaßbarer Gedanke ist.

---

48. Ludwig van Beethoven, Sonate Nr. 5 in F-Dur, op. 24, Frühlingssonate, für Violine und Klavier, komponiert 1800–1801, Erstausgabe im Frühjahr 1802 in Wien.

Sizilien

Palermo: Am 21. früh stiegen wir in den Zug nach Neapel, wo wir auch noch bei mäßigem Wetter eintrafen, ½ 2 Uhr. Nach langem Suchen nach irgendeiner Trattoria wurde ich in eine »buona trattoria« gewiesen, die allerdings so unglaublich dreckig war wie in Deutschland das schlimmste Bauernhaus. Hühner und Katzen, schmutzige Kinder und nicht angenehme Wohlgerüche umgaben uns, um uns flatterte getrocknete Wäsche. Aber Hunger, Müdigkeit und Unkenntnis der Lage veranlaßten uns, uns niederzulassen. Wir aßen natürlich pasta asciutta, tranken ein Viertel etwas ekelhaft süßen klebrigen Wein und bezahlten nach einigem Handeln unsre Rechnung, standen erleichtert auf und gingen, unser Seebillet zu lösen. Darauf machten wir für die Seefahrt [Einkäufe], nach Klausens Meinung lebenswichtige Dinge: Schnaps, Zitronen, Schokoladen, Sardinen, Apfelsinen u. a., gingen dann zur letzten Ölung in ein Restaurant, um noch einmal pasta asciutta zu essen, und stiegen aufs Schiff. Klaus hat alles nichts geholfen. Schon nach 4 Stunden lag er da und hatte reichlich genug, das Meer stellte große Ansprüche an ihn, die er nur kurze Zeit zu verweigern vermochte. Mich lud es erst beim ersten Anblick des

Ansichtskarte aus Palermo (San Giovanni degli Eremiti) an die Eltern; Poststempel: 22. April 1924.

herrlich besonnten Felsengebirges ein, auch meine Pflicht zu erfüllen. Es war aber im Ganzen sehr gnädig. Um ½ 9 kamen wir an. Merkwürdig war auf dem Meer der Mondaufgang gewesen, wie ein goldener Fisch stieg er allmählich aus dem Meer. Es war ein phantastischer Anblick.

Liebe Eltern!
Heute morgen sind wir nach schöner Seefahrt von Neapel
hier angelangt. Allerdings hat das Meer seinen Tribut ge-
fordert, aber freundlicherweise erst ziemlich am Ende. Au-
genblicklich sitzen [wir] bei blauem Himmel in einem Pal-
menpark mit schönem Blick aufs Mittelmeer und den Monte
Pellegrino. Deinen Brief, liebe Mama, haben wir bekommen
und danken Dir sehr. Beunruhige Dich doch ja nicht, es geht
ja alles so glatt und wunderschön vonstatten, wie man es sich
nur denken kann. Übermorgen nach Girgenti, Syrakus, Taor-
mina, Neapel. Von meinem katholischen Priester bin ich ja
noch in Monte Cassino eingeladen, wo ich vielleicht 3 Tage
noch hingehe. Es ist erstaunlicherweise gar nicht sehr heiß
hier, so daß man mit nichts in Versuchung geführt wird.
Grüßt alles sehr von Klaus und Eurem dankbaren
Dietrich
Daß Rüdigers noch in Berlin bleiben, freut mich sehr.

Der Sonnenaufgang war leider umhüllt. Die Ankunft und An-
fahrt auf Sizilien zu war wunderbar schön. Der Hafen lag in herrlicher Sonne da. Schon am Hafen wurde uns ein Zimmer im Hotel Veronika angeboten, wo wir mit einem Wagen hinfuhren. Wir
legten uns nach einem Teefrühstück sofort aufs Bett und schliefen
unter dem Vorsatz einer halben Stunde bis 1 Uhr, gingen in ein Restaurant, aßen zu Mittag und gingen dann zum Dom; von außen
wunderschön, bin ich beim Anblick des Inneren wirklich erschro-
cken, daß das der vielgerühmte Dom sein sollte, in dem Friedrich
II. und Heinrich VI.[49] begraben liegen. Aber er war es wirklich, es
ließ sich nichts daran ändern und so bemühte ich mich vergeb-

---

49. Der Dom, d.h. die Kathedrale von Palermo wurde ab 1184/1185 von den
    Normannen erbaut; das Innere wurde 1781 – 1801 in spätbarockem Stil ver-
    ändert, im Äußeren wurde die charakterisitische, aber architektonisch nicht
    stimmige Kuppel errichtet.

lich verzweifelt, ihn wenigstens irgendwie würdigen zu können. Aber es ging nun einmal nicht, die Stillosigkeit hatte gesiegt; hier läßt sie sich nicht, wie in Rom so oft unter höhere Gesichtspunkte stellen, selbst die historischen versagten, die sonst so oft Wunder tun. Ich ging hinaus und begeisterte mich nun doppelt am Äußeren. Die Architektonik war allerdings schwierig zu übersehen, aber das Ganze machte doch wenigstens einen einheitlichen

San Giovanni degli Eremiti, von den Normannen auf den Resten und im Stil einer früheren Moschee errichtete Kirche.

Eindruck. – Von hier nach Abstempelung unseres Reisebillets (übrigens nur 27 Mark Brenner-Brenner 3. Klasse) in die englischen Gärten.[50] Hier wandelten wir zum erstenmal wirklich unter Palmen. In Rom ist die Palme doch weit mehr Zierbaum, hier ist sie durchaus Straßenbaum. Am Abend legten wir uns in[s] Bett und wollten eine Abrechnung machen. Zu unserm nicht geringen Erstaunen fehlten mir 400 Lire, Klaus 150. Nachdem wir lange vergeblich gerechnet hatten, schliefen wir recht deprimiert ein; als wir am Mittwoch, dem 23., aufwachten, fand ich bei neuer Zählung meines Geldes, daß ich mich am Abend zuvor zu meinen Ungunsten verzählt hatte, und obwohl Klaus seins nicht wiederfand, wa-

---

50. Gemeint ist der Giardino Inglese, ein von Giovan Battista Filippo Basile 1851 entworfener Park in Palermo, der dem Mitte des 19. Jh. sehr beliebten Schema folgt, nämlich nicht einen geometrisch angelegten Raum (den sog. Italienischen Garten) zu schaffen, sondern, der Beschaffenheit des Terrains folgend, ihn natürlicher zu gestalten (den sog. Englischen Garten). Um eine exotischere Stimmung zu schaffen, wurden Pflanzen aus der ganzen Welt eingesetzt, den Vorgaben der Mode der Zeit folgend, als die europäischen Großmächte ihren Einfluss über unbekannte Länder in Afrika und Asien ausdehnten.

Ansichtskarte mit Blick auf Monreale.

ren wir doch sehr froh und hoffen, mit den 170 Lire von Klaus und 800 von mir die Sache durchzuhalten. Mit einigen Flüchen und Sentenzen über die Verwerflichkeit und sonstige andere unangenehme Eigenschaften des Geldes gingen wir an unser Tagewerk, indem wir zuerst in unsre Trattoria in der Via Roma gingen, um dann nach San Giovanni dei Eremiti zu gehen. Wieder seit 5 Tagen habe ich nicht geschrieben[51], die allerdings sehr ereignisreich waren. Also am Vormittag gingen wir noch nach San Giovanni, das mich ungeheuer reizte mit seinem durchaus orientalischen Ansehen. Unglaublich verlockend stiegen süße Düfte im Garten von allerhand wunderlichen Blumen auf. Man ahnte den Orient voraus, ohne zu wissen, daß man ja bald all das als selbstverständliche Umgebung täglich um sich sehen sollte, und phantasierte sich vieles zusammen, so wie man es in Deutschland über Italien getan hatte. Und immer wieder merkt man: diese Phantasien sind so ganz anders als die Wirklichkeit, so viel schwülstiger, farbiger, und erst die Wirklichkeit bringt Plastik in dieses Bild, durch Phantasieen erweitert sich der Horizont nie, nur weil die plastischen Perspektiven fehlen; man kann über ein Land lesen, was man will: es bleibt jede Vorstellung gleichsam ein Gemälde in herrlichsten Farben, aber auf heimatlicher Leinwand gemalt; wenn nun erst dieser heimatliche Hintergrund fehlt, sind auch die herrlichsten Farben nichts mehr und so steht man im Orient, wenn erst einmal heimatliche Vorurteile gefallen sind und damit herrli-

51. Datum der Niederschrift also 26. oder 27. April 1924.

che Phantasieen vor etwas ganz und gar Neuem mit unsern Maß-
stäben Unmeßbarem und erst jetzt beginnt allmählich sich das
verschwommene Bild von früher zu konsolidieren, plastischer zu
werden, und es entsteht in einem eine neue Welt, von jeder Seite,
aus jeder Straßenecke wächst sie einem zu, alte Schleier fallen und
weit schönere Dinge werden wirklich. Die erste Reise in den Orient ist einem herrlichen Sonnenaufgang zu vergleichen.[52] Herrliche Nebel künden in phantastischen Farben mit unwiderstehli-
chem Reize das Kommen der Sonne an. Aber sie künden doch nur
an. Leise, aber nur in fernster Ferne ahnt man das, was werden
soll, immer herrlicher werden die Schleier; aber kaum ist der erste
Strahl der Sonne selbst gekommen, als auch schon die Wolken und
Nebel fliehen müssen, und je größer der Ball der Sonne wird, desto
mehr verschwinden die Nebel im Gleichgültigen, bis sie endlich da
ist ganz in ihrer Herrlichkeit, und alle Phantasieen waren umsonst,
denn sie ist da als gegebene Größe und wir stehen stumm und müssen hinnehmen, was da ist. – Aber ich bin ja noch in Palermo und
muß vorerst noch nach Girgenti[53] und Syrakus, was ich hier kurz
abmachen will, denn es drängt mich Afrika. In Palermo gingen
wir noch nach Monreale[54], was auf mich keinen besonderen Eindruck machte. Ganz anders die Capella Palatina, die Schloßkapelle
in normannischem Stil. Man kann hier interessante Beobachtungen über Sinn und Begrenzung der Mosaikarbeit anstellen. Ohne
Zweifel hat das Mosaik im wesentlichen ornamentalen Charakter
und so scheinen mir die gewaltigen Mosaikgemälde in St. Peter in
ihrer ursprünglichen Bedeutung verfehlt. Die kirchlichen Bedeu-
tungen sind natürlich ganz andre. Gerade im Ornamentalen liegt
ungeheuer viel Mystik; das wäre eine andre Seite des Mosaiks; in
der Ornamentalisierung der heiligen Geschichten wieder liegt unzweifelhaft ein unbewußter Zug, diese historischen Dinge meta-

52. Vgl. S. 49.

53. Unter Mussolini wieder in Agrigent umbenannt.

54. Romanischer Dom, Baubeginn 1174, arabisch beeinflusst; im Inneren völlig
    mit Mosaiken ausgeschmückt.

Monte Pellegrino, schroffes felsiges Vorgebirge von 600 m Höhe im Norden des Golfs von Palermo.

physisch festzulegen. Auch kunstgeschichtlich ist das Mosaik natürlich von besonderem Interesse. – Monte Pellegrino bei Sonnenuntergang; am nächsten Abend St. Maria di Gesu, wohl landschaftlich der schönste Punkt Italiens, den ich bisher gesehen habe.

Freitag, den 25. Abfahrt nach Girgenti. Erste ernstere afrikanische Besprechungen mit einem Mitreisenden. In Girgenti nach Quartierbeschaffung auf nach den Tempeln.[55] Ich konnte leider die ganzen Tage über nicht zur Stimmung für den Genuß der klassischen Kultur rein als solcher kommen; ich genoß weit mehr das Landschaftliche. Eine Überschätzung der Kunstwerke wird wohl nicht in der Berühmtheit der Tempel liegen, die Schuld lag wohl sicher an mir. Ich war von Rom her noch zu überladen, so daß mir Landschaft jetzt wichtiger war als Antike. In Girgenti lernten wir 3 deutsche Wandervögel[56] kennen, einen Studenten, einen Kunsthändler, ein sehr sympathischer und intelligenter Mensch, und einen Handwerker, den wir dann nach Afrika mitnahmen. Wir unternahmen einiges zusammen.[57]

55. Fünf dorische Tempel aus dem 6./5. Jh. v. Chr.

56. Als *Wandervögel* werden die Mitglieder einer 1896 entstandenen Vereinigung von Schülern und Studenten bürgerlicher Herkunft bezeichnet; sie wollten dem autoritären Druck der Gesellschaft entfliehen und auf Wanderschaft und in der Natur ein selbstbestimmtes Leben führen. Ab 1925, also ein Jahr nach der Reise von B., verloren diese Vereinigungen allmählich an Bedeutung; von 1933 bis 1935 wurden sie von den Nazis verboten.

57. Vgl. den Brief an Sabine Bonhoeffer vom 28. April 1924 (S. 69).

Girgenti, 28.4.1924

Liebe Sabine.

Wir haben Dir noch gar nicht für Deinen Brief gedankt, und so tue ich es heute. Gestern früh sind wir hier gelandet. Wir gingen gleich zu den am Meer gelegenen Tempeln, die im Sonnenuntergang ganz rot erschienen, doch weiter unter herrlich blauem Himmel. Über dem üppigsten Obstgarten riesengroße Kakteen auf herunterhängenden Felsstücken, ein immer in nahem Hintergrund oft himmel- bis stahlblaues Meer. Wie schade, daß wir uns hier immer nur 2 Tage an demselben Ort aufhalten können. Es ließe sich lange hier leben! Nett zu der Landschaft stimmen dann die mit Wein und Heu bepackten Maultiere, auf denen die Leute reiten, dann immer entlang riesige Ziegenherden. Grüße schön!

Ich schreibe bald mehr. Jetzt gehen wir ins Afrikanum schwimmen mit ein paar netten Wandervögeln, die wir unterwegs kennengelernt hatten.

Herzlichen Gruß Dein

Dietrich

Brief an die Schwester Sabine.

Drei Tage hielten wir uns in Girgenti auf, dann ging es auf einen Tag nach Syrakus, nachdem wir allmählich unsere zunächst ganz phantastischen Gedanken, nach Afrika zu reisen, durch noch phantastischere Unterhaltungen der Wirklichkeit auf sonderliche Weise nähergebracht hatten und uns, nachdem wir noch in Palermo glaubten, kaum zu zweien auch nur die Zeit in Sizilien durchhalten zu können (in Anbetracht unsrer Finanzen), dahin verstiegen, den sehr unternehmungslustigen Handwerker ganz einzuladen, mit uns nach Tripoli zu fahren. Unsere feudale Lebensweise, dreimal am Tag zu essen, wurde in die des ein- bis höchstens 2maligen Essen umgeändert; auch unsere Gasthäuser nahmen andere Gestalt an. So bestiegen [wir] nach einem Tag Aufenthalt in Syrakus, an dem am schönsten die Lage ist, das Schiff

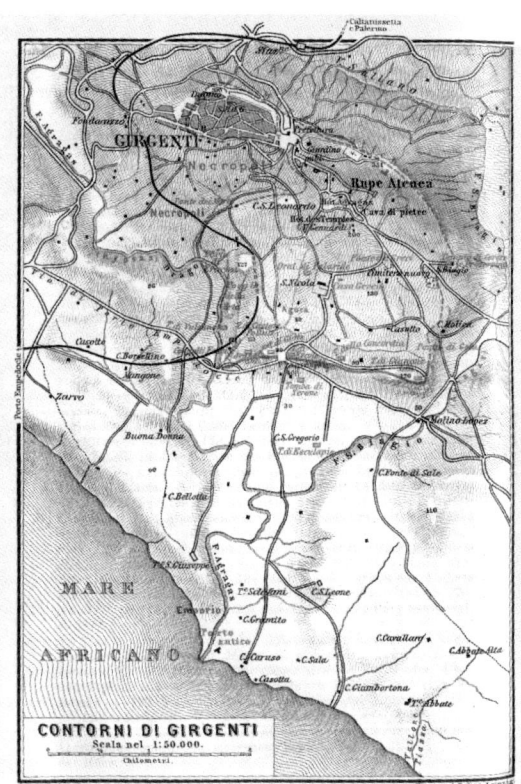

*Karte von Girgenti (Agrigent)
im Baedeker.*

nach Tripoli. Mit Hilfe eines Italieners bekamen wir noch die nötigen Erlaubnisscheine, und so konnten wir am 29.[58] Europa zum
erstenmal verlassen. Die Fahrt war ruhig, Klaus tat zwar wie immer seine Schuldigkeit. Ich kam in nette Unterhaltungen mit italienischen Soldaten. Auch spielten wir zusammen und sangen zur
Guitarre. So ging trotz eines 6stündigen Aufenthalt[s] in Malta,
wo wir nicht an Land durften, die Fahrt schnell vorbei und als wir
uns am 1. Mai von unserm Strohlager erhoben, sahen wir zum
erstenmal Afrika in schöner Sonnenbeleuchtung vor uns liegen.

58. 29. April 1924.

Von Paul Hommel in Libyen aufgenomme-nes Foto (Bonhoeffer Nachlass, Berlin).

Von Paul Hommel in Libyen aufgenommenes Foto (Bonhoeffer Nachlass, Berlin).

Tripolis[59]

Nur kurze Angaben, da es sonst viel zu viel werden würde. Gleich zu Anfang einen Stuttgarter Photografen getroffen. Wir kampierten im ersten Hotel der Stadt »Patria« für 1 Mark. Unsre Ankunft war im »Corriere di Tripoli«[60] gemeldet. – Spaziergang durch die Stadt. Nächsten Morgen in der Oase zum Freitagsmarkt. Abends 2 österreichische Soldaten[61] kennengelernt, mit denen wir nun oft zusammen waren. – Spaziergänge ans Meer zum Baden, an die kleine Moschee, in die Wüste (übrigens Mittag zwischen 11 und 4 Uhr). Fahrt nach Garian[62] – Gibli[63] – Autofahrt. Empfang in Garian – Beduinen – […][64] krank, mit Offiziersauto abtransportiert als unliebsame Gäste.[65]

59. Vgl. die Briefe an die Eltern vom 5. und 9. Mai 1924 (S. 73–85).

60. In der Rubrik »Arrivi« in »Il Corriere di Tripoli« (2. Mai 1924, Nr. 103, S. 3) werden angezeigt: »Benhoeffer Dichich« und »Benhoeffer Hlaus«.

61. Südtiroler (Bozener); vgl. Brief an die Eltern vom 9. Mai 1924 (S. 79 f.).

62. Heute Gharyan; im Bergland 90 km südlich von Tripolis gelegen, auf einer 600 bis 800 m hohen Schichtstufe. Südlich des Berglands beginnt die Wüste.

63. Heißer Wüstenwind.

64. Vgl. Einführung (S. 22 f.).

65. Libyen wurde im Italienisch-Türkischen Krieg 1911/1912 von Italien erobert, das Hinterland wurde aber erst nach dem Ersten Weltkrieg unterworfen; deshalb die von den beiden Brüdern beobachtete starke militärische Präsenz. Sie befanden sich in kaum befriedetem Hinterland, was die nervöse Reaktion der Militärbehörden erklären mag.

Liebe Eltern.

Seit meiner letzten Karte aus Palermo haben wir wieder viel erlebt. Von den herrlichen Tagen in Girgenti – bei den griechischen Tempeln am Meer – und von Syrakus hat Dietrich ja schon geschrieben. In Syrakus haben wir einen sehr plötzlichen Entschluß gefaßt. Es sollten gerade sehr viele italienische Truppen nach Tripolis geschafft werden, mit denen wir uns im Zuge angefreundet hatten. Wir sangen zur Laute, die einem deutschen Handwerksburschen, der mit uns fuhr, gehörte und unterhielten uns auf schlecht italienisch sehr gut. So lernten wir einen Offizier kennen, der uns in Syrakus auf der Straße wieder erkannte, uns alles zeigte und sagte, er könne uns das Visum in die Kolonien beschaffen. Das Schiff ginge noch am selben Abend. Da Alle meinten, es wäre in Tripolis billiger als in Sizilien, haben wir die Gelegenheit beim Schopf gepackt und sind Zwischendeck übergefahren. Dort war ein buntes Gewimmel, Militär, Auswanderer, Türken, Araber, dabei war es die liebenswürdigste Reisegesellschaft, die man sich denken konnte. Man bekam Südwein, Zigaretten usw. angeboten. Die Soldaten verschafften uns Fleisch und Nudeln, bis ich endlich alles wieder von mir geben mußte. Zu allem hatten wir Musik: Guitarren, Horn, Geige, Gesang. Es war zwar nicht so bequem, aber sicher mal interessanter als in 2. Klasse. In Malta hatten wir 8 Stunden Aufenthalt, durften aber ohne besondere Erlaubnis des englischen Gouverneurs nicht an Land – als Deutsche, die Italiener durften ohne weiteres. Es ist das erste Mal, daß mir Deutschfeindlichkeit begegnet ist. In Italien und vor allem in Sizilien ist man gewöhnt, als Deutscher besonders gut behandelt zu werden. In Sizilien wird man geradezu gefeiert. Die Franzosen sind verhaßt. Ich wurde oft an Finnland erinnert, nur daß der Sizilianer pazifistischer von Natur ist. Malta liegt herrlich. Hoch oben am steilen Felsufer liegt die Stadt. Unten wimmelt

Brief von Klaus aus Tripolis an die Eltern (ohne Datum, wahrscheinlich um den 5. Mai 1924).

73

es von bunten Schnäbelkähnen[66], von wo man mittels Strick und Korb Zigaretten, Apfelsinen, Tücher, Papageien usw. kaufen kann. Im Hafen lagen ein paar kolossale englische Kriegsschiffe. Die Seefahrt hat uns nichts angehabt. Wir sind jetzt in Tripolis. Ein Herr aus Stuttgart, den wir bei der Ankunft kennenlernten, verschaffte uns in einem der ersten Hotels für 1 Mark Quartier. – Es ist arabischer Bau, aber europäisch geleitet. Dann führte er uns durch die Stadt, die bis auf die Hafengegend völlig orientalisch ist. Mir ist es jetzt noch immer wie ein Traum, wenn ich auf die Straße gehe und sehe die Araber, Beduinen und Neger in dem großen, malerischen, weißen Überwurf auf Eseln oder mit beladenen Kamelen. Die Häuser sind niedrig, kalkweiß, die Wohnung nach der Straße hin offen. Die Handwerker wohnen nach Gewerbe zusammen in bestimmten Straßen. Die 10 000 Juden in einem besonderen Viertel. Sie haben mit unseren deutschen oder den polnischen wenig Ähnlichkeit. Die Straßen sind eng, im Innern der Stadt ungepflastert und sehr staubig, aber nicht schmutzig, wie in Italien. Es ist auch viel ruhiger. Der Araber wahrt auf der Straße viel mehr Würde als der Italiener. Er schreitet oft mit Grandezza einher. Begrüßungen vollziehen sich in Ruhe. Auch wenn sie abends bei der Wasserpfeife miteinander sitzen, hört man kein Schreien. In die Moscheen darf man nach einer Fußwaschung barfuß herein. Wir wollen das in den nächsten Tagen tun. Heute waren wir nur in dem äußeren Bau, wo Obdachlose zu schlafen pflegen. – Die Kerls liegen einfach auf der Erde, in Tücher eingehüllt wie die Mumien, um sich vor der Sonne zu schützen. Alle 3 Stunden wird vom Minarett zum Gebet gerufen, dadurch daß der

---

66. Bei den *Schnabelkähnen* handelt es sich um ein für den maltesischen Archipel typisches Fischerboot – Luzzu –, bekannt für die Augen des Osiris, die als Glücksbringer auf den Bug aufgemalt sind.

›Rufer‹ nach allen 4 Himmelsrichtungen Koransuren singt. Es soll hier in Tripolis, was erst seit 1912 italienische Kolonie ist, das Volksleben noch viel ursprünglicher und von Europa unberührter sein als in Algier und Tunis. Dafür ist hier die Bevölkerung sehr verängstigt. Sie fürchtet jeden Europäer. Auf der Straße wird einem Platz gemacht. Vor allem sind die Neger devot. Sie sind die unterste Schicht, auf die der Araber herabsieht. Da jedes Delikt an einem Weißen sehr schwer bestraft wird, soll man hier von niemandem etwas zu fürchten haben, auch wenn man ganz allein in der Nacht in entlegene Orte geht. Wir vermeiden es natürlich trotzdem. Zum Sonnenuntergang waren wir heute vor der Stadt am Meer. Es ziehen sich dort an der Küste Wälder von Dattelpalmen hin. Ich werde dauernd an die Erzählungen aus dem Alten Testament erinnert. Araber, Juden und Schwarze zogen [mit] ihren Kamelen und Eseln zu den Zisternen. Man ist ganz im Morgenland, ohne auch nur irgendwie an Europa erinnert zu werden. Der Kontrast zwischen Italien und Afrika ist hier ganz ungeheuerlich. Daß ich

Obdachlose schlafen im Laubengang der Moschee in Tripolis; Foto von Paul Hommel (Bonhoeffer Nachlass, Berlin).

Von Paul Hommel in Libyen aufgenommenes Foto (Bonhoeffer Nachlass, Berlin).

nun gleich nach Italien, wo ich europäische Kultur so rein gesehen habe, die morgenländische sehe, ist unbeschreiblich interessant. Ich weiß kaum, wie ich Euch schreiben soll; denn fast alles ist anders als bei uns. Morgen fahren wir mit dem Stuttgarter in eine Oase, die ein paar Kilometer vor der Stadt liegt, wohin am Freitag die Karawanen aus dem Innern des Landes zum Markt kommen. Wegen der Hitze müssen wir schon um 5 Uhr fort. Es ist hier augenblicklich Hochsommerhitze. Wenn der Seewind nachläßt, wohl noch heißer. Die Hitze ist aber weniger störend als die Helligkeit. Ich habe jetzt eine blaue Brille, um das Auge gelegentlich ausruhen zu können und auch vor Staub geschützt zu sein. Dietrich ist weniger empfindlich. Wir wollen mit dem Schiff am 10.ten V. zurück. Es geht direkt nach Sizilien. Die Verbindungen über Tunis wollen wir auf alle Fälle vermeiden, obwohl man uns sagte, es sei auch für Deutsche unbedenklich. Ihr werdet über unser Unternehmen etwas erstaunt sein, aber nach Lage der Dinge glaubten wir, würdet Ihr mit unserem Entschluß einverstanden sein. Tatsächlich braucht Ihr Euch auch nicht zu beunruhigen, denn wir sind natürlich in allem besonders vorsichtig. Wir kennen hier Deutsche und Italiener und für den Notfall kann man immer das hiesige deutsche Konsulat beanspruchen. Nur oft bedauern wir, daß Ihr nicht auch alles seht. Karl Friedrich muß unbedingt auch noch hierher. Er hätte sicher sehr viel davon. Ich hoffe, ich kann von den hiesigen Produkten etwas billig erhandeln und mitbringen. Straußenfedern müssen billig sein, denn jeder bessere Droschkengaul trägt eine auf dem Kopf und sieht damit recht feurig aus. Außerdem werden hier wunderbare Sachen in edleren Metallen getrieben und nach Gewicht verkauft. Ich muß schließen, denn morgen geht[s] früh raus. Allen die besten Grüße von Eurem dankbaren

Klaus

Von Paul Hommel in Libyen aufgenommenes Foto (Bonhoeffer Nachlass, Berlin).

Liebe Eltern!
Da das Postschiff erst heute abgeht, will ich Euch noch von den letzten Tagen hier erzählen. Also gestern früh waren wir auf dem großen Markt, zu dem Karawanen und sonstige Eingeborene aus dem Innern in einer nah bei Tripoli gelegenen Oase zusammenströmen zum Verkauf und Tausch ihrer Waren. Es war ein buntes Gewimmel von eigenartigsten Gestalten, doch ging im Vergleich zu unseren, und erst recht den italienischen Märkten das Ganze mit einer solchen Ruhe und Gemessenheit und Abgeschlossenheit gegen die Fremden, die sich dazu einfanden, vor sich, wie sie anscheinend überhaupt dem Araber eigentümlich ist. Einen bettelnden Araber wird man kaum sehen, anders die Juden, die auch hier als kluges, geschäftstüchtiges Handelsvolk zwar sehr respektiert, aber

Brief von Dietrich aus Tripolis an die Eltern (ohne Datum, wahrscheinlich vom 5. Mai 1924).

77

Von Paul Hommel in Libyen aufgenomme-nes Foto (Bonhoeffer Nachlass, Berlin).

doch als Leute, die sich auch mit den Fremden ab-geben, als eine Stufe nied-riger angesehen werden. Die Neger sind hier teils Abessinier – die Soldaten mit oft sehr intelligenten Gesichtern und guten Ge-stalten, teils die wahnsin-nig häßlichen aus dem Su-dan Zugewanderten, die hier einfach als Vieh be-handelt werden. Aber am meisten muß es einen hier doch entrüsten, wie sogar ein Volk mit einer so entwickelten Tradition und Kultur, wie die Ara-ber es sind, zu Sklaven gemacht werden sollen. Wenn man sieht, mit welcher Brutalität die italienischen Soldaten gegen diese vorgehen und sie wie gemeines Pack behandeln, versteht man deren Erbitterung, aber auch unmenschliche Angst. Die Bilder auf dem Markt und nachher auf unserem Wege ans Meer waren märchenhaft schön. Außerhalb der Stadt sieht man Beduinenzelte aufgeschlagen mit ihren Bewohnern, de-nen wie den Arabern ihre großen weißen Tücher glänzend zu Gesicht und Gestalt stehen. Da das nächste Postschiff erst in 8 Tagen abgeht, wollen [wir] Euch am Freitag ein Tele-gramm schicken und um Verstümmelungen vorzubeugen in italienisch und deutscher Übersetzung.[67] Herzlich grüßt Euch alle Euer dankbarer

Dietrich

Klaus hat sein Verspäten beim Staatsanwalt durch Krank-heitsfall auf einige Tage entschuldigt.

---

67. Siehe das Telegramm auf S. 86.

Von Paul Hommel in Libyen aufgenomme-nes Foto (Bonhoeffer Nachlass, Berlin).

Tripolis, Freitag den 9.4.24

Liebe Eltern!
Morgen geht nun das Schiff nach Syrakus zurück und dann geht es wieder nach Rom, wo wir am 13. ankommen werden. In Neapel hoffen wir verschiedene Post von Euch vorzufin-den. Vorgestern sind wir auf 2 Tage mit unserem Stuttgarter Bekannten ins Land hineingefahren, außerdem fuhr zufällig

Brief an die Eltern (datiert 9. April 1924, tatsächlich vom 9. Mai 1924).

ein Trupp italienischer Soldaten mit, die uns dann sogar ein großes Stück von etwa 2 ½, Stunden im Auto mitnahmen und für Quartier sorgten. Wir befanden uns in den letzten Ausläufern des Atlas, die doch immer noch 600 – 700 Meter hoch sind. Landschaftlich wirkt das Gebirge sehr eigenartig, aber wunderschön. Da zufällig am selben Tag wie wir eine große Kommission Italiener – ich weiß nicht zu welchem Zweck – dort ankam, waren große Festspiele der eingeborenen Schwarzen, Araber und vieler angesiedelter Beduinen angesetzt, mit zum Teil fabelhaften Kunststücken. Ganz großartig waren die Pferderennen der Beduinen mit ihren fabelhaften Gäulen; im rasenden Tempo mußten sie das Gewehr zum Schuß

Von Paul Hommel in Libyen aufgenommenes Foto (Bonhoeffer Nachlass, Berlin).

bereit machen, schießen, wie im Spiel schleuderten sie es dann in die Luft und fingen es wieder auf. Wir haben einige Aufnahmen gemacht, auch von einem sehr amüsanten Negertanz. Bei Sonnenuntergang machten wir noch einen kleinen Spaziergang, wo uns einige Araber ansprachen und, als sie erfuhren, daß wir Deutsche seien, so unglaublich liebenswürdig waren, uns vieles zeigten, außerdem sagten, wir seien die ersten Deutschen, die hierhergekommen seien, und deshalb seien sie so erfreut. Nach Sonnenuntergang wird es kühl, besonders im Verhältnis zur Tagestemperatur, die, da gerade der von Eingeborenen gehaßte Gibli-Südwind war, 58° C betrug. Trotz der gewaltigen Höhe der Temperatur fühlt man sich gar nicht unwohl dabei, die Luft ist sehr trocken, nie schwül, immer Wind. Merkwürdig sind die Wohnungen der Eingeborenen, denn sie haben tiefe Höhlen als Behausung. Ein Gang führt etwa 10 Meter tief in die Erde zu einem großen runden Loch von ca. 25 Meter Durchmesser, von dem aus dann nach allen Seiten Gänge in die ganz dunklen Einzelräume führen. In einer solchen Höhle wohnen dann 3–4 Familien, und noch dazu von orientalischer Größe mit unendlichen Kindern, Frauen, Knechten. Auf dem Gebirge wachsen nur vereinzelte wunderschöne Ölbäume, Wasser wird aus einer entfernten Oase geholt. – Etwas ganz Herrliches ist der südliche Nachthimmel; der Himmel ist kurz nach Sonnenuntergang tiefblau, und wunderschön heben sich die

Von Paul Hommel in Libyen aufgenommenes Foto (Bonhoeffer Nachlass, Berlin).

scharfen Bergkonturen ab; sobald die Sterne kommen, wandelt sich die Farbe in ein wunderbares Schwarz, und die Sterne flimmern und zittern mit ganz strahlendem Licht. Die starke Beschäftigung mit dem Sternhimmel, die im Orient doch wesentlich ist, und die Furcht der Eingeborenen vor diesen Dämonen wird wirklich erst hier sehr verständlich. Das Leben auf der Straße kommt eigentlich erst richtig auf kurz vor Sonnenuntergang. Die Frauen gehen zum Melken mit großen Schüsseln auf dem Kopf, die Männer und Jungens reiten auf Eseln zum Wasserholen, Karawanen brechen um diese Zeit wieder auf, die Gläubigen werden von den Minaretts der Moscheen zum Gottesdienst gerufen, kurz, niemand ist mehr im Hause, d.h. bis auf die vornehme Araberin, die sich auch um diese schönste Stunde des Tags nicht sehen läßt; die Straßen werden lebendig und laut, die noch 2 Stunden vorher in der Sonne glühten. Gegen größte Hitze und Kälte, die bis 0° C geht, schützen sich so die Eingeborenen in ihren Höhlen. In so einem ganzen Tageslauf im Orient wird man erstaunlich erinnert an alttestamentliche Szenen und Stimmungen. Überhaupt scheint mir zwischen Islam und alttestamentlicher Lebensführung und Frömmigkeit eine ungeheure Ähnlichkeit zu bestehen. Im Islam ist alltägliches Leben und Religion gar nicht getrennt, wie in der gesamten, auch katholischen, christlichen Kirche. Bei uns geht man eben in die Kirche; und wenn man zurückkommt, beginnt wieder ein ganz andres Leben. Ganz anders der Mohammedaner; und

Von Paul Hommel in Libyen aufgenommenes Foto (Bonhoeffer Nachlass, Berlin).

zum wesentlichen liegt das an dem Juden und Arabern gleichen Zug des kolossal ausgeprägten Rassegefühles und -stolzes. Der Araber trennt sich von jedem Andersrassigen wie der Mensch vom Tier. Mohamed ist der Prophet des Stammes der Araber, daher die durchaus fehlende Tendenz zur Propaganda jetzt wie früher, wo man nicht versuchte, die Christen zu missionieren, sondern sie einfach als Nicht-Araber, d. h. Ungläubige umbrachte. Bei solchen Verhältnissen spielt natürlich die Kirche nur eine Rolle neben vielen andern, mögen sie religiöser oder nationaler Art sein. So ist auch der Krieg ein Dienst an Mohamed und Allah. Für dauernde Anregung von rein religiöser Seite sorgt neben den täglichen Gebetsstunden die so genannte »Phantasie«. Kinder und alle Männer ziehen auf dem Markt, in den arabischen Teestuben, auf der Straße herum und singen nach eintöniger Melodie – ähnlich wie in der katholischen Kirche – aus dem Koran vor und begleiten sich mit einigen Tambourins. Alles hört andächtig zu und gibt bei dem folgenden Einsammeln reichlich und jedesmal. Ich stelle mir das alles sehr ähnlich im alten Israel vor, wo doch sicher die Verhältnisse entsprechend waren. Beide Religionen – Islam und israelitische Frömmigkeit – müssen natürlich ausgesprochene Gesetzesreligionen sein, wenn nationale und kultische Momente so stark vermischt sind, ja sozusagen zusammenfallen. Nur so können sie schärfste Abgrenzung von den andern Rassen und Religionen erreichen. Eine Religion, die Weltreligion sein will, wie Christentum oder Buddhismus kann gar nicht Gesetzesreligion sein. Ein mohammedanischer Neger ist in den Augen des arabischen Mohammedaners ein Neger nach wie vor, Bekehrung gibt es eigentlich nicht. Es wäre schon sehr interessant, länger den Islam auf seinem Boden zu studieren, aber es ist ja sehr schwer, irgendwie zu den kultischen Sachen Zutritt zu bekommen. So waren wir heute zum erstenmal in der großen Moschee, in die wir auch heute nur mit Erlaubnis des Kadi kamen. Morgen wollen wir noch versuchen, ein Aufenthaltsvisum für Malta zu bekommen, wo das Schiff 8 Stunden lang anlegen wird. Man kommt übrigens hier überall mit

Von Paul Hommel in Libyen aufgenommenes Foto (Bonhoeffer Nachlass, Berlin).

Italienisch gut durch und es geht jetzt schon oft ganz gut. Die Eingeborenen jedenfalls sprechen meistens noch schlechter, so daß man sich nicht zu genieren braucht. Aber auch mit den Italienern kann man sich doch schon fast über alles unterhalten. Macht man Fehler, so verbessern sie sehr höflich und schmeicheln einem ganz gräßlich, wie gut, ja daß man noch besser, weil dialektloser, spräche als sie selbst. Es ist schon merkwürdig, hier das Verhältnis vom Italiener zum Araber zu beobachten. Der Italiener, der in seinem ganzen Wesen so alles andre als Herrennatur ist, versucht nun in oft so dummer, taktloser und brutaler Weise, sich bei diesen herrschsüchtigen und trotzigen Arabern in Achtung zu setzen, und das wirkt, ich glaube auch für den Araber, sehr lächerlich. Wir sind hier oft mit 2 Bozenern zusammen, die italienischen Militärdienst tun müssen und sich natürlich freuen, mal ein bißchen Deutsch reden zu können. Es sind 2 Gymnasiasten, die nun schon 2 Jahre hier sind, nun aber wohl bald entlassen werden. Durch diese beiden kommen wir nun zu vielem, was man sonst nicht sehen würde. Heute abend haben sie uns zu einem großen Abschiedsabendessen eingeladen, weil wir ja morgen reisen. Ich freue mich schon wieder unglaublich auf Rom; daß ich Vorlesungen verstehe,

Von Paul Hommel in Libyen aufgenommenes Foto (Bonhoeffer Nachlass, Berlin).

habe ich an mehreren Predigten gemerkt, die ich hörte, und so wird es sicher noch ungeheuer interessant. Pastor Schubert, den ich das erstemal nicht antraf, werde ich gleich wieder besuchen und mir Winke für Besuche bei katholischen Geistlichen geben lassen. Wir müssen fort! Grüßt bitte alles sehr. Auch Hörnchens. Wann Rüdigers taufen, hoffen wir in Neapel zu erfahren. Das letzte Mal aus Afrika grüßt Euch Euer dankbarer

    Dietrich

Von Paul Hommel in Libyen aufgenommenes Foto (Bonhoeffer Nachlass, Berlin).

Sonnabend den 10.V.: abends nach vielen Schwierigkeiten Abfahrt nach Europa. – Unvorbereitet darf man nicht länger nach Afrika gehen, der Schreck ist zu groß und steigert sich von Tag zu Tag, so daß man sich freut, wieder nach Europa zu kommen. Ruhige Überfahrt nach Syrakus, von dort gleich weiter nach Taormina. Wir blieben in einem Gasthause in Giardini und gingen nach den nötigen Besorgungen gegen 5 Uhr hinauf nach Taormina und trafen so etwa um Sonnenuntergangszeit im griechischen Theater ein. Vor uns, zwar leicht im Nebel, der Ätna; recht[s] schließen sich unweit schön geformte Bergzüge an, die bis ans griechische Theater herankommen; unmittelbar hinter ihnen ging die Sonne unter. Im Vordergrund von allem immer das an Kunst- und Kulturwert zwar nicht hervorragende, aber durch seine Ruinen in seinem Stimmungsgehalt unbeschreiblich schöne griechische Theater. Zum erstenmal atmete man wieder auf,

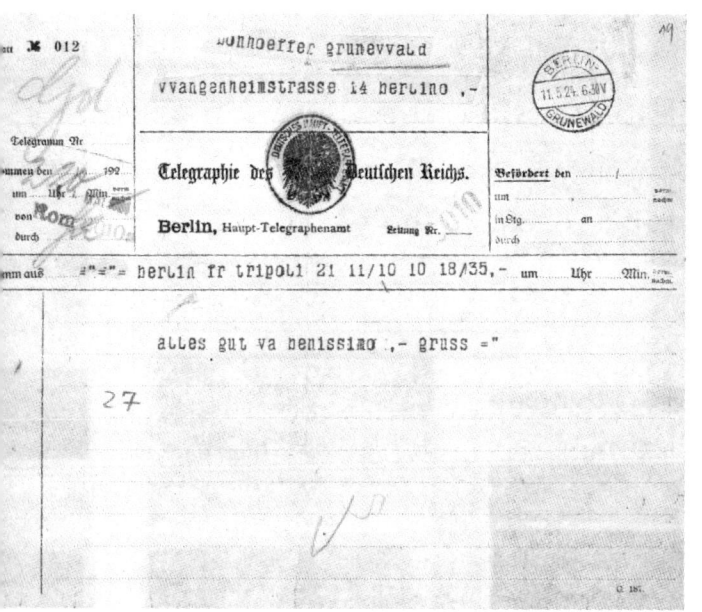

Telegramm aus Tripolis an die Eltern, mit Datumsstempel 11.5.24 – 6:30; »alles gut va benissimo. – gruss«. Siehe auch den Brief von Klaus auf S. 77 f.

wie Fesseln war es, die einem von den Gliedern genommen wurden, man sah wieder europäische Bäume und Üppigkeit im Land. Denn nach nichts hatte man sich ja in Afrika so gesehnt wie nach einem schönen deutschen Wald; und obwohl diese Sehnsucht gar nicht in Erfüllung gegangen war, so kamen einem doch schon die Zitronen- und Orangenwälder ganz heimisch vor. Lange, lange saßen wir dort am Theater und sahen auch immer wieder nach dem im Abenddunst liegenden italienischen Ufer, das in milden

Taormina, antikes Theater.

Farben sich steil aus dem Meere hervorhebt. Das Meer war spiegelglatt und rein, in der Ferne noch einige Segelschiffe und immer wieder vor uns der alte Ätna mit seinen vielen Kindern. Als endlich die Nacht da war und die Sterne, da machten wir uns schleunigst auf den Weg nach Giardini und legten uns ins Bett in merkwürdig freudig erregter Stimmung. Man war wieder zu Hause; hatte man in Afrika alles hinnehmen müssen ohne Maßstab, ja überhaupt ohne die Möglichkeit mitzuempfinden, war man also zur vollständigen Passivität verdammt, so nahm dies einen plötzlichen Umschwung in Europa; hatte man in Afrika oft so vergeblich versucht und herumgeirrt, um sich in eine Stimmung der Situation entsprechend zu versetzen, war man so also oft zur einfachen Aufnahme und vielleicht späterer Verarbeitung genötigt,

87

Hera-Tempel II von ca. 460 v. Chr., sog. Poseidon-Tempel in Paestum, einem Ort an der Küste, 30 km südlich von Salerno; antiker Name: Poseidonia.

so schwoll Empfindung und Verständnis für europäisches Land immer mehr an, und mit Begeisterung schwelgte man in einer Landschaft seines Heimatgefühles. Es war, als seien in Afrika in ein noch ganz leeres Gefäß ungeheure Mengen schwersten Materials geworfen und dieses Gefäß sei nicht genügend fundiert und drohe, wenn nicht bald Unterstützung komme, durchzubrechen und das Material werde in unermessene Tiefen fallen, verloren gehen und dabei manchen Schaden anrichten. War nun auch dieses Gefäß durch die neuen Eindrücke unterstützt worden, so wurde doch wenigstens für einige Zeit die Aufmerksamkeit auf etwas andres gelenkt, derweil sich das Material im Gefäß setzen und festigen konnte. Bald aber ist wirkliche Unterstützung durch eingehende Studien vonnöten, damit nicht die Katastrophe geschieht; denn es war ungeheuer, was man gesehen hatte. Noch einen Tag in Taormina, dann Fahrt nach Neapel über Messina und die herrliche süditalienische Westküste. Besonders schön lag in der Abendsonne das kleine Städtchen Scilla[68] auf einem Felsen ins Meer vorgebaut. Morgens um ½ 5 Uhr stiegen wir aus und machten einen kleinen Morgenspaziergang nach Pästum. Hatten mir die Tempel in Girgenti nicht so sehr viel gesagt, so war hier der Eindruck ungeheuer. Allerdings am meisten am Poseidonstempel, an dem ich fast 4 Stunden saß und mich auch dann nur schwer trennte. Die Sonne ging über den Bergen auf und warf ihr schönstes Morgenlicht auf die Tempel, als noch

68. Am nördlichen Eingang der Straße von Messina gelegen.

Karte des Vesuv-Gebiets im Baedeker.

das Gras vom Tau glitzerte. Unendlich viele Vögel umschwärmten den Tempel und Eidechsen versuchten in großer Zahl, ob die Sonne schon ihre Pflicht tue. Der Morgen ist mir unvergeßlich in seiner Stimmungsreinheit und -vielseitigkeit. Um 9 Uhr gings mit dem Zug nach Neapel. Nachmittags Posilipp, nächsten Tag Pompeji und Vesuv. Der Aufstieg zum Vesuv war mühsam und bis auf den Ausblick und 2 Flaschen Lacrimae Christi reizlos. Oben trafen wir Kranz und Heinrichs[69] ganz zufällig; der Vesuv war in guter Arbeit und spie ab und zu ein bißchen Lava. Dort oben glaubt man sich vor Erschaffung der Welt zurückversetzt und der Blick hinunter kann dem ins Paradies kaum nachgestanden haben. Abends in einer Kneipe in Torre Anunziata zu Abend gegessen (vgl. Auerbachs Keller!)[70], dann Rückfahrt nach Neapel. Von dort am nächsten Morgen Fahrt nach Rom.

69. Walther Kranz (1884 – 1960), Gräzist, Griechisch- und Lateinlehrer von B. in der Oberstufe.

70. Stadt ca. 20 km südlich von Neapel. Zu »Auerbachs Keller« vgl. J. W. von Goethe, *Faust I*, 2073 – 2347.

1929 werden die Dörfer Pagano und Compitelli vollkommen zerstört!

Rom: zweiter Aufenthalt

Ich muß sagen, daß mir die Trennung von Neapel nicht so schwer fiel im Hinblick auf Rom. Ich brauchte nur daran zu denken, so war alle Trauer über das, was ich verließ, ganz klein. Ich konnte nicht sagen, war es dieses oder jenes, was mich so unwiderstehlich zurückzog; und wenn ich auch gesagt hätte: St. Peter, so war es nicht die Kirche, nein, es war ganz Rom, was sich in St. Peter eben am klarsten zusammenfassen läßt. Es war das Rom der Antike, des Mittelalters und ebenso der heutigen Tage, ganz einfach der Angelpunkt europäischer Kultur und europäischen Lebens. Mir schlug tatsächlich das Herz vernehmlich,

ROMA - Piazza e Basilica di S. Pietro

Petersplatz und Petersdom.

als ich zum zweitenmal die alten Wasserleitungen uns begleiten sah bis an die Mauern der Stadt heran. Nach Abstieg in St. Chiara[71], dort doch kein Platz, auf einige Tage in ein sehr mäßiges Hotel in der Nähe des Pantheons.[72] Abends Pincio, für mich der Anfang einer neuen Epoche, für Klaus der Abschluß der ersten.

71. Wahrscheinlich das Hotel Santa Chiara & Francia in der Via di Santa Chiara 18, das der *Baedeker* in der Kategorie der »Hotels garni« aufführt, mit Preisen von 1 – 5 Franken, »einschl. Licht und Bedienung«.

72. Es könnte sich um das Hotel Cavour in der Via di Santa Chiara 5 handeln, das der *Baedeker* empfiehlt.

Der 17.[73] Sonnabend früh Pinakothek, wo mich eine Madonna von Gentile[74] sehr begeisterte; die Auffassung ist durchaus origi-nell und interessant: Maria ist die natürliche Mutter ihres natür-lichen Sohnes, ist Zimmermannsfrau und das Kind entsprechend im Ausdruck und Kleid. –

Ansichtskarte aus Rom (mit dem Kolosseum) an die Eltern; Poststempel: 17. Mai 1924.

Liebe Eltern!
Gestern sind wir wieder hier gelandet und haben gleich un-sere Post abgeholt, aber als wir in unser Hotel wollten, be-haupteten die plötzlich, es sei nichts mehr frei, und so sind wir zunächst in ein andres gezogen. Heute habe ich nun end-lich Quartier gefunden bei einer deutschen Professorenwitwe, die sehr freundlich und besorgt ist: Frau Professor Bigi, Via

73. Vgl. die Post an die Eltern, an die Großmutter Julie und die Schwester Sa-bine von Mitte Mai 1924 (vgl. S. 79 f., 91 f., 92 f., 95).

74. Gentile da Fabriano (1370 – 1427), Maler des sog. weichen Stils am Ende der Gotik.

Quintino Sella, angolo Via Flavia. Alles andre wird Euch ja Klaus erzählen. Erst gestern erfuhren wir, daß am 16. Taufe war und haben aufs Wohl des Kleinen »est est est« getrunken. Herzliche Grüße an alles von Eurem dankbaren
  Dietrich

Dann St. Peter. Klaus ging zum letzten Mal. Als ich mich in seine Lage versetzen wollte, wurde mir sehr anders zumute und schnell hoffte ich auf 4 herrliche Wochen. Nachmittag um 2 Uhr fuhr Klaus. – Ich suchte mir eine Wohnung und fand sie bei Frau Prof. Bigi, Via Quintino Sella 8, gut, billig und einfach.

Via Quintino Sella auf dem Plan im Baedeker.

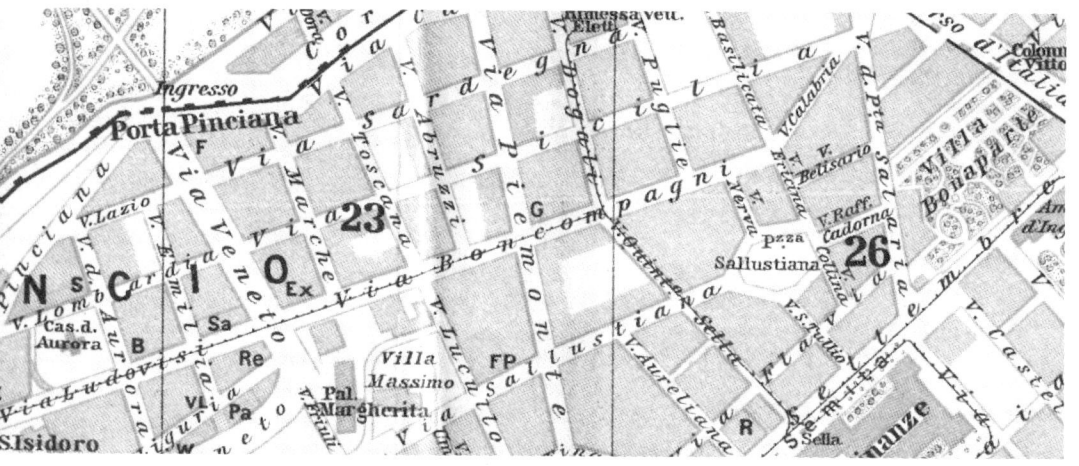

Brief an die Schwester Sabine.

Roma, 17. Mai 1924

Liebe Sabine!
Sehr schönen Dank für Deine zwei Briefe, die ich in Rom vorfand. Heute bin ich nun hier verwitwet, Klaus ist auf nach Berlin, d. h. noch auf einen Tag nach Tübingen. Eben habe ich Abendbrot gegessen und Milch, Ei und Schlagsahne, Kos-

tenpunkt 50 Pfennig. Das ist aber üppig, sonst geht es mir über pasta asciutta, d.h. Makkaroni mit Käse und Tomate. Signora Jocca wird morgen nun mit mir gehen und die Guitarre kaufen, für das Geld, das Du mir geschickt hast, danke ich Dir schön. Mit hübschen Sachen ist das hier eine Schwierigkeit, teilweise ganz unerschwinglich, teilweise so, daß ich sie mir sofort kaufen würde, es aber immer nicht tue, weil ich es für möglich halte, daß es Dir nicht so gefiele. Hätte ich in Afrika Geld gehabt, ich hätte mir für 10 Mark Fabelhaftes mitbringen können, aber nun ist es so gekommen, daß ich mir selbst nicht mal was kaufen konnte, stattdessen sich allerdings Klaus auf mein Geld was gestattete, was ich Dir gern mitgebracht hätte. Jedenfalls werde ich jetzt einfach, wenn ich wieder was Hübsches für 50 Lire sehe, es kaufen und es Dir schicken und Du schickst mir die 10 Mark. Lieber wäre es mir, Du schicktest sie noch vorher, denn sogar am Auslagengeld muß ich verflucht sparen. Morgens eine Tasse Milch, mittags pasta asciutta, abend Brot und Käse. Das ist mein Tagesquantum. Du siehst, Sprünge kann ich leider nicht machen. Ob mir Grete was vorschießen kann? Wenn Du ihr schreibst, kannst Du ihr vielleicht mal was davon schreiben. Du mußt Dir das mal überlegen. Es ist ja schließlich auch nicht nötig, aber angenehm wären schon 10 Mark wenigstens. Eben ist in meinem Zimmer das Licht ausgegangen, und ich sitze in einem Lokal und trinke Kaffee. Heute Nacht wohne ich nicht gerade feudal, in einer dunklen Straße, in einem noch finstereren Gasthaus – allerdings ohne Ungeziefer, das hat mich angezogen. Morgen kommt noch ein Kunstschüler, den ich in Sizilien kennen gelernt habe und wohnt auch mit dort, das ist mir ganz angenehm, denn er ist außerdem ein sehr gebildeter und kluger Mensch, im Alter von Onkel Bub? Übermorgen ziehe ich dann zu einer hiesigen Professorenfamilie, die mich sehr freundlich aufgenommen und Gottseidank sehr billig.

Dort bleibe ich dann voraussichtlich. Zum zweitenmal nach Rom zu kommen, ist eigentlich noch schöner als zum erstenmal. Als heute Klaus wegging und ich dachte, daß ich ja in knapp 4 Wochen denselben Leidensweg antreten müßte, da wurde mir sehr wunderlich zumute. So hat man sich schon mit Rom zusammengelebt, es ist die wunderlichste Stadt, die ich in dieser Beziehung kenne. Kaum ist man da, so ist man schon so in ihrem Bann, daß man kaum mehr hinauskann. Andererseits erschöpft sie sich nie. Man glaubt, alles zu kennen, und beinahe an jeder Ecke lauert etwas Neues, Eindrucksvolles auf einen. So wird es – glaube ich – sein, auch, wenn man jahrelang da ist. Heute früh war ich in der Vatikanischen Pinakothek, wo u. a. C.H[75]. hängt. Du müßtest schon mal herkommen!

Herzlichst Dein Dietrich

Ich lege eine Karte aus Afrika an Tante Elisabeth bei, die wir so lange mit uns herumgeschleppt haben. Grüße sie herzlich von Klaus und mir.

Sonntag den 18. vormittag Thermenmuseum ohne viel Genuß. Nachmittag Pincio, Kant gelesen, dann einige Stunden mit Signora Jocca musiciert: Bach, Brahms, Dohnanyi, Mozart. Abends Kranz abgeholt.

75. Nicht geklärt. Vielleicht der Urgroßvater Carl von Hase.

Liebe Großmama!
Bevor Du nun ganz nach Berlin gehst, möchte ich Dir noch einen herzlichen Gruß aus Rom schicken. Aus den Briefen von zu Haus, die allerdings über 14 Tage alt sind, entnehme ich, daß Mama und Christel jetzt bei Dir sein werden. – Die Zeit hier ist unglaublich schön, aber sie fliegt nur so vorbei und in 3 Wochen bin ich ja fast schon wieder in Berlin. Klaus wird Dir ja aus Afrika alles erzählt haben. Leb wohl! Viel Glück und Mut zur Reise. Herzlich grüßt Dich Dein dankbarer
    Dietrich

Ansichtskarte aus Rom (Kapitol und Palazzo Senatorio) an die Großmutter Julie Bonhoeffer; Poststempel: unleserlich (Mitte Mai 1924).

Montag den 19. S. Croce, das mich enttäuschte, Lateran studiert, S. Clemente[76], mit Unterkirchen. Sehr interessant. Nachmittags Kolleg und zu Haus gearbeitet.

Dienstag S. Maria della Pace[77]: Die Raffaelischen Sybillen muß man gesehen haben, um die Michelangeloschen um so mehr lieben zu können. Sie gehören meiner Ansicht nach zum Schönsten von Raffael'schen Werken. – Sta. Maria dell' Anima[78]: Die katholische Kirche geht sogar soweit, daß sie antike Statuen in Heiligenbilder umarbeitet (Apoll – Sebastian)!

Die Kirche ist architektonisch nicht sehr interessant. St. Luigi dei Francesci[79], mit guten Bildern (Raffael, Reni)[80] – Kolleg[81] etc.

76. Santa Croce in Gerusalemme, eine der 7 Pilgerkirchen Roms. Romanische dreischiffige Basilika, Außenmauern aus dem 4. Jh., fertiggestellt 1144, 1743 im Barockstil erneuert. Die Basilica San Clemente geht zurück auf 1108 und wurde über einem Mithras-Heiligtum errichtet; in der Unterkirche Fresken aus dem 8./9. Jh.

77. 1482 – 1488 erbaut.

78. Von 1500 – 1524 erbaute ehemalige Kirche der Deutschen Nation in Rom.

79. Nationalkirche der Franzosen, 1589 geweiht.

80. Tatsächlich handelt es sich um die von Guido Reni ausgeführte Kopie eines Werks von Raffael. Seltsam, dass B. die dem hl. Matthäus gewidmeten Bilder von Caravaggio in der Contarelli-Kapelle mit der berühmten *Berufung* nicht erwähnt.

81. Vgl. Einführung, S. 10, Anm. 5.

Ansichtskarte aus Rom (Cestius-Pyramide) an die Eltern; Poststempel: 21. Mai 1924.

Ansichtskarte aus Rom (Cestius-Pyramide) an die Eltern. Poststempel: 21. Mai 1924.

Liebe Eltern!

In meiner neuen Wohnung ist es sehr nett und ordentlich. Via Quintino Sella 8. Die Kollegs, in die ich gehe, kann ich ganz gut verfolgen und sind sehr interessant. Dogmatik wird leider nicht gelesen, aber auch die Kirchengeschichte ist in so anderer Beleuchtung sehr anregend. Sonnabend will ich zum Papst. Bei Schuberts bin ich gewesen. Das nächstemal schreibe ich mehr. Es ist schon ½ 12. Euch alle grüßt Euer dankbarer

Dietrich

Donnerstag: Galleria Colonna: Schöne Säle, Leonardo: Heilige Familie, Caravaggio, Bordone: Sebastian, Botticelli: Madonna, sonst viel Langweiliges und auch viel Poussins. Nachmittag S. Lorenzo fuori.[82] Wunderbarste Mosaiken in der Unterkirche, nicht so sehr inhaltlich als in der Kunst der Sache.

82. San Lorenzo fuori le Mura, von Konstantin gegründete Patriarchalbasilika; Umbauten und Erweiterungen im 6. und 13. Jh.

Mittwoch: Campo di Fiori mit dem Versuch, irgendwas Hübsches zu kaufen, von dem mir aber alles über die Finanzkräfte ging. Kein eigentlich italienischer Markt, wie z. B. in Palermo oder Neapel. – Kolleg.

Piazza Campo di Fiori in einem zeitgenössischen Druck.

Brief aus Rom an Hans von Dohnanyi (mit Vermerk »Ende Mai 1924« von anderer Hand).

Lieber Hans!
Einen schönen Gruß von hier und die Bitte, den Zettel Klaus zu geben. Der Brief soll nicht nach Haus gehen, weil unsre Geld und Schuldenangelegenheiten darin besprochen sind, von denen ich nicht weiß, wie weit Klaus sie bekannt gemacht hat. Würdest Du es ihm möglichst bald abgeben; denn ich sitze hier ziemlich trocken. – In 2 ½ Wochen muß ich raus aus dem Land, das ist noch kaum auszudenken; wenn man dann abends statt auf dem Pincio zu lustwandeln und nach St. Pe-

ter zu sehen, wenns hoch kommt, auf der Bismarckallee an der Grunewaldkirche vorbeiwandelt. Aber es war unglaublich hier, wenn man das bedenkt, daß man nun fast ½ Jahr hier unten sein konnte; dann kommt man auch gern wieder zurück. Noch längst nicht alles habe ich hier gesehen, aber wenn ich zurückdenke, doch so unendlich viel, daß man schließlich auch einmal halt machen muß; denn zu Ende kommt man in Rom, glaube ich, in einem Jahr nicht, allein mit Sehen! – Was macht das Examen? Manchmal haben wir Euch bedauert. Grüß Grete schön

Dein Dietrich

Liebe Sabine!

Täglich ziehe ich Erkundigungen über Guitarren ein und bin jetzt bei einer scheint's ganz fabelhaften gelandet. Es ist eine neue, neapolitanische mit einer Baßsaite in guter Form. Morgen abend gehe ich sie noch einmal probieren. Sie kostet zwar voraussichtlich etwas mehr, aber das wirst Du sicher gern für so ein Stück geben. Ich beneide Dich ganz unglaublich! – Außerdem – mit Tüchern ist hier, scheint's, nicht viel zu wollen. Ich war auf dem Trödelmarkt, wo glänzende Sachen angeboten werden, aber alles viel teurer. Sehr billig sind hier zu haben: alte italienische Schalen, Vasen, Krüge mit teils sehr guten Malereien und wunderschönen Formen. Willst Du eventuell so was? Dann kann ich hier einen günstigen Kauf machen. Von zu Hause habe ich seit über 14 Tagen nichts mehr gehört. Schreib mir nur bald, damit nicht am Ende sich alles überhäuft. Via Quintina Sella 8, ptr. Professor Bigi.

Grüße Tante Elisabeth herzlichst und sei selbst herzlich gegrüßt

von Deinem Dietrich

Brief aus Rom an Sabine Bonhoeffer vom 22. Mai 1924.

Freitag[83] Galleria Doria[84], Velasquez, Rondinello: Madonna, Tizian: Tritone und sehr, sehr viel anderes Hervorragende. Eine der vielseitigsten Galerien Roms. Z. B. Claude Lorrain sehr gut vertreten. Kaum ein minderwertiges Bild dabei und mit Geschmack ausgesucht.

Nachmittag: Cälius[85] mit Kirchen. St. Gregorius mit 3 Nebenkapellen.[86] Etwas bezaubernd Schönes ist das Engelkonzert von Reni.[87] Kein Mensch darf Rom verlassen, ohne dieses Werk gesehen zu haben. Es ist unbedingt vollendet in seinem Sinne und gehört unzweifelhaft zu den ersten Kunstwerken Roms. Die beiden von Michelangelo begonnenen Büsten[88] lassen kalt, besonders der Papst, finde ich, ohne jede Problematik in der Kunst noch im Ausdruck. Architektonisch reinster Basilikastil (vgl. Sixtina).

Die verunstaltete S. Paolo e Giovanni.[89] Unterkirche nicht gesehen.

S. Maria Navicella.[90]

83. Vgl. die Postkarte vom 21. Mai an die Eltern und den Brief vom 22. Mai 1924 an die Schwester Sabine (siehe S. 97, 99).

84. Im Palazzo Doria.

85. Monte Celio, einer der 7 Hügel Roms, auf dem sich die folgenden Kirchen befinden.

86. San Gregorio Magno, Anwesen der Eltern Gregors, der dieses um 580 in ein Kloster umwandelte, völlig erneuert im 17./18. Jh., mit den 3 Oratorien Sant'Andrea, Santa Silvia und Santa Barbara.

87. Guido Reni (1575–1642), Maler des Frühbarock. Das Engelkonzert, an dem Sisto Badalocchio (1585–1647 ca.) vermutlich mitgewirkt hat, befindet sich im Oratorium Santa Silvia.

88. Im Oratorium Santa Silvia befindet sich eine von Nicolas Cordier (italianisiert Nicola Cordieri und il Franciosino genannt, 1565–1612) geschaffene Statue der hl. Silvia, der Mutter Gregors d. Gr., die, so sagt man, unter der Anleitung von Michelangelo ausgeführt wurde. Im Oratorium Santa Barbara befindet sich eine Statue Gregors d. Gr. mit Segensgestus, ebenfalls von Cordier. Wahrscheinlich bezieht sich B. auf diese beiden Werke.

89. Kirche SS. Giovanni e Paolo, erbaut 400, mehrfach umgebaut, antike Fresken in der Unterkirche.

90. Santa Maria in Domnica, an der Piazza della Navicella.

Lieber Bonhoeffer!

Für Deine Karte von der »Via Appia« habe ich Dir noch nicht gedankt. Mir fehlte die nötige Muße bislang dazu. Jetzt ist's ruhiger um mich. Auch in Tübingen gefällt es mir ganz gut. Allerdings lieber wäre ich eben doch in Marburg. Jedenfalls hoffe ich, im Winter nach Berlin zu kommen; ich würde mich sehr darüber freuen, auch in dem Gedanken, Dich dort wieder zu sehen. Denn weißt Du, wieviel ich Dir zu danken habe? Ich glaube, Du kannst es nicht ahnen. Ich bin mir bewußt, daß ich oft mit meinen üblen und irrsinnigen Launen zu Dir gekommen bin und Dir mehr oder weniger vorgeheult habe. Das war eine Schwäche von mir. Du hast Dich trotzdem meiner in aller netter Weise angenommen, wenn Du auch naturgemäß andern Leuten (Held, Dreier, Weynand etc.) zum Schluß näher standest. Das konnte ich sehr gut verstehen. Jedenfalls fehlst Du mir jetzt sehr, wie ich ja überhaupt zur Zeit ziemlich vereinsamt in Tübingen stehe. Was von den Älteren noch da ist, sind Examenskandidaten, die sich mehr oder weniger hinter ihre Bücher verkrümeln. Und unter den neuen Füxen ist nichts Besonders (trotz des guten Durchschnitts). Es bleiben also nur noch meine Confüxe[91] über; aber von ihnen geht eben jeder mehr oder weniger seine eigenen Wege. Einen ganz nahen Freund habe ich nicht im Bund. Gibt es überhaupt das Ideal von Freundschaft, das mir vorschwebt? Noch mehr von mir zu schreiben, halte ich nicht für notwendig, Du liest ja mein Wesen und vielleicht auch meinen gegenwärtigen Zustand aus meiner Handschrift. Jedenfalls fehlt mir wieder mal ganz die Geschlossenheit, der Ausgleich, das χρυσόμετρον. Ich bin recht zerfahren in jeder

---

91. *Füxe* und *Confüxe* sind Ausdrücke der deutschen Studentensprache, um die Zugehörigkeit zur selben Studentenverbindung anzuzeigen. Confüxe weist auf das gleiche Alter hin.

Hinsicht, sprunghaft, extrem, nicht produktiv. Das alles wird ja auch mal wieder anders kommen. Bei mir geht's nur so periodenweise. Sehr Anteil genommen habe ich an der schweren Krankheit Deiner Schwester; jetzt geht es ihr ja wohl längst wieder gut. – Deine Großmutter ist nun gestern endgültig von hier abgefahren. Nun wird wohl nicht viel mehr Dich an Tübingen fesseln. Mit Freude habe ich Deine Reisen und Fahrten verfolgt und ich beglückwünsche Dich von Herzen zu all Deinen Taten, die Du ausgeführt. Du hast es ja immer verstanden, alles zu erreichen, was Du Dir in den Kopf gesetzt. Du wirst es auch fernerhin tun. Wo Dich diese Zeilen wohl treffen? Hoffentlich nicht allzu spät. Vergiß nicht ganz Deinen

Theodor Pfizer

Brief von Richard Czeppan an B.

Berlin-Grunewald, 23.5.24

Lieber Dietrich!
Vielen Dank für Deine Karte aus Libyen und für Deine Grüße, die mir Klaus ausrichtete.

Welche tiefen Eindrücke hast Du in den letzten Wochen empfangen! In jungen Jahren wirken sie auch noch nachhaltiger! Bis ins hohe Alter wirst Du Dich an Deine erste Italienfahrt gern erinnern. Die Erinnerungsbilder sind gerade von der ersten Reise besonders lebhaft und deutlich. Wie lange bleibst Du noch in Rom? Vielleicht komme ich auch noch hin. Wie teuer ist Pension oder Halbpension für ein einfaches möbliertes Zimmer auf etwa 8 Tage? Könntest Du mal in dem Hotel (albergo) Piemonte auf der via principe Amadeo, Seitenstraße zur via Cavour nachfragen, wieviel ein einfaches Zimmer kostet? Ohne Frühstück, das ich in einer Trattoria einzunehmen pflege – in Rom! Der Inhaber des albergo Pie-

monte hieß Canapero. Anfang Juli (ab 6.) 1907, dann im Juli
1911 und Ende Juli 1913 war ich in diesem damals gut ge-
führten Hotel, wie sich aus den Hotelbüchern leicht feststellen
läßt. Wenn Herr Canapero das Hotel noch hat, so grüße ihn
bitte von mir. Er wird sich meiner persönlich freilich kaum
erinnern können wegen der langen Zeit. Vergiß nicht Tivoli,
Albanerberge mit Nemisee und Monte Caro, Villa Adriana,
die neuen Ausgrabungen in Ostia. Sind die neuen Forum-
Ausgrabungen zugänglich gerade? Fa l'Italia lotto da ti?[92]
Ponte Molle mit Abendspaziergang am rechten Tiberufer ist
immerhin als Erholung von den geistig anstrengenden vielen
Eindrücken lohnend. In der via delle botteghe oscure – ein
poesievoller Name! – man geht hin von dem Corso Vittorio
Emmanuele aus durch via di San Marco – befindet sich eine
mir von Einheimischen empfohlene Trattoria mit schönem,
schattigem Garten. Bürgerliche, gute Küche, billig, meist Ita-
liener. Auch gegenüber der Post, Piazza San Silvestre ißt man
gut, meist Deutsche. Wie oft warst Du bei den Antiken im
Vatikan, wie oft in den Stanzen? Die rechte Seite am Late-
ran wird Dich als Theologen interessieren. Ich rate Dir, wenn
auch nur in Stichworten Tagebuch zu führen. Es lohnt sich,
wenn man besonders den unmittelbaren Eindruck in kurzen
Betrachtungen niederschreibt. In späteren Jahren liest man es
gern. Solche Aufzeichnungen unterstützen außer mitgebrach-
ten Bildern gut das Gedächtnis. Wie oft warst Du auf meinen
Lieblingsplätzchen besonders abends beim Sonnenuntergang
am Monte Pincio oder Villa Medici? Über einen ausführli-
chen Brief würde ich mich freuen. Außerdem könntest Du
vielleicht italienische Briefmarken, besonders verschiedene
neu erschienene Aufdrucksorten niederer Werte zur Fran-
kierung benützen. Anbei übersende ich einen interessanten

92. Bedeutet vielleicht: »Wird Italien ein Teil von dir?«

Zeitungsausschnitt. Du wirst ihn mit Interesse lesen. Klaus
meint, Ihr hättet diese Wandervögel in Girgenti getroffen.
Über Eure Erlebnisse in Tripolis haben wir uns amüsiert, be-
sonders über den feierlichen Empfang. Herzlich grüßt Dich
Dein
   Richard Czeppan
   Viele Grüße auch von mir. Hörnchen.
   Die Garibaldi-Campanilemarken sind vielleicht billig zu
haben.

Architektonisch wirkt die Breite des Mosaikgewölbes miß-
glückt, da kaum beabsichtigt. Die Mosaiken finde ich trotz Burckhardt[93] ganz hervorragend; sie passen scheints nicht in sein System
der Typen. Die Kirche als Ganzes ist sehr lieblich und liegt idyl-
lisch. Daneben St. Stephano Rotondo.[94] Alte Markthalle, die aber
als Kirche nicht schlecht wirkt, wie überhaupt die runde Form den
Kirchen intimeren Charakter verleiht (vgl. Baptisterium im Lateran). Ein Zank mit der gaunerischen Kirchendienersfrau konnte
doch die idyllische Stimmung des Ganzen nicht nehmen.

Sonnabend den 24. Vormittag zuerst auf dem Quirinal zum
Legislaturfest.[95] Die Königsfamilie, Minister, darunter auch
Mussolini fuhren in feierlichem Zug durch die Stadt zum Reichs-
tag. Die Menge klatschte ohne suggerierte Begeisterung dem Kö-
nig zu, ein betender Mönch konnte im Augenblick, als der könig-
liche Wagen vorbeifuhr, sein Gebet nicht beenden, sondern fing

93. J. Burckhardt, *Der Cicerone. Eine Anleitung zum Genuss der Kunstwerke Ita-*
   liens, Leipzig-Berlin, 1900 f., S. 443: »In den nächsten Pontifikaten wird von
   Mosaik zu Mosaik die Arbeit roher und lebloser bis zu unglaublicher Miss-
   gestalt … S. Maria della Navicella (817 – 824).«

94. Santo Stefano Rotondo, Rundkirche, 460 – 480 über einem Mithräum errichtet.

95. XXVII. Legislatur, Ergebnis der Wahlen vom 6. April 1924.

in rührender Begeisterung zu klatschen an. Dann Vatikan. Zuerst die Stanzen[96], die mich nicht sehr fesselten. Historische Malerei in jedem Sinne scheint mir stillos. Ich muß das noch genauer bedenken, warum? – Dann Sixtinische Kapelle, genau studiert mit immer wachsender Begeisterung, zuerst die Fresken (Perugino!!), dann nach der Reihe die Decken-

ROMA - Palazzo del Quirinale

Palazzo del Quirinale.

malerei. Aber über den Adam wäre ich fast nicht hinausgekommen, es ist eine so unerschöpfliche Gedankenfülle in dem Bild: in der Gestalt Gottes, dessen riesiger Macht, zärtlicher Liebe oder vielmehr aller, über dieses beides so Menschliche weit entfernt liegender ›Eigenschaften‹; und des Menschen, der zum ersten Leben erwachen soll, auf der sprossenden Wiese vor unendlichen Bergen, auf sein späteres Los deutend, ganz irdisch und doch ganz rein. Kurz: man kann es nicht ausdrücken. Das größte malerische Kunstwerk ist wohl der Jonas, man beachte nur die unglaubliche Kunst der perspektivischen Verkürzung. – Schluß davon, sonst wird's zu lang. Nachmittag Vestatempel[97] mit reizendem Barockbrunnen.[98] Dahinter, Maria in Cosmedin[99], eine hübsche alte ro-

---

96. Die von Raffael und seinen Schülern ausgemalten Räume im Vatikan.

97. Die Gottheit des Tempels war wahrscheinlich Hercules Olivarius, Schutzgottheit der Ölhändler.

98. Fontana di Tritoni, 1715, von Carlo Bizzaccheri (1655–1721), erinnert an den Brunnen Berninis an der Piazza Barberini.

99. Kirche Santa Maria in Cosmedin, erbaut im 6. Jh. über der Ara Maxima des Herkules. Im Porticus befindet sich seit 1632 die Bocca della Verità, eine Marmorscheibe, die ein Gesicht darstellt, das dem Volksglauben zufolge die Hand von Lügnern, wenn sie sie in den Mund einführen, verschlingt.

manische Hauskirche. In der Sakristei ein schönes Mosaikfragment: Drei Könige.[100] Villa Malta[101] mit dem Garten und Schlüsselloch.

Sonntag Vormittag Villa Borghese. Gleich zum Tizian: »Himmlische und irdische Liebe«, lange ohne Erfolg an der richtigen Deutung rumgerätselt. Burckhardt hat wohl kaum recht: »Liebe und Sprödigkeit« (amore profano und sacro!?).[102]

Im selben Saal interessanter el Greco. Dann Leonardo, Perugino »Madonna« und Heiliger Sebastian; Botticelli, vielleicht etwas technisch, deshalb maniriert scheinend, Bronzino. Es macht mir augenblicklich viel Freude, die Schulen und einzelnen Künstler zu erraten und ich glaube überhaupt allmählich

Oben: Tempel des Herkules, oft Vesta-Tempel genannt, wahrscheinlich wegen der Ähnlichkeit mit dem Vesta-Tempel auf dem Forum.

Darunter: Villa Borghese. Villa des 17. Jh. in einem großen Park; beherbergt die Galleria Borghese.

etwas mehr von den Sachen zu verstehen als vorher, obwohl man als Laie ja vielleicht ganz schweigen muß und alles den Künstlern selbst lassen; denn das Schlimmste ist ja der übliche Kunsthistori-

100. Die Heiligen Drei Könige.

101. Villa des Priorats der Malteser auf dem Aventin. Das sog. Heilige Schlüsselloch des Hauptportals gibt einen überraschenden Blick durch einen Laubengang genau auf die Kuppel des Petersdoms frei.

102. J. Burckhardt, *Der Cicerone*, S. 583: »Amor sacro e profano, d. h. Liebe und Sprödigkeit«.

ker, auch besseren Stils, bis zu Scheffler und Worringer[103] hin, der dann beliebig deutet, deutet und immer weiter und es gibt kein Kriterium für dieser Deutung Sinn und Richtigkeit. Das Deuten ist überhaupt eins der schwierigsten Probleme, und doch ist unser ganzes Denken darauf eingestellt; wir müssen deuten, Sinn geben, damit wir leben und denken können. Es ist das alles sehr schwierig; aber wenn man nicht deuten muß, dann lasse man es doch; und ich glaube, bei der Kunst ist das nicht nötig. Man hat nicht mehr davon zu wissen, ob das der ›gotische Mensch‹ ist, der sich darin ausspricht, oder der ›primitive‹ usw. Ein Kunstwerk mit klaren Sinnen und Verstand aufgenommen tut im Unterbewußtsein das Seine, und das Verstehen des Kunstwerkes wird kein Deuten mehr nötig haben, sondern man sieht entweder intuitiv das Richtige oder nicht. Das nenne ich Kunstverständnis, daß man nach gründlicher Arbeit bei der Aufnahme das unbedingt sichere Gefühl hat: hier habe ich den Kern gefaßt, auf Grund irgendwelcher unbewußter Vorgänge; die intuitive Sicherheit entsteht. Dieses Ergebnis dann aber in Worte zu fassen zu einer Deutung, ist sinnlos für andere, da es den einen nicht hilft, die andern es nicht brauchen, und bringt der Sache selbst keinen Vorteil. Es geht hier leider immer um schwer meßbare Größen und Werte und gelöst ist die Sache natürlich noch lange nicht. Nachmittag: Ponte Molle, hübscher Bau der Brücke und freundliche, liebliche Aussicht. – Ich bin viel mit Maria Weigert zusammen, die einem erstaunlich wenig unangenehm ist in ihren sonstigen Eigenheiten. Übrigens scheint sie tatsächlich von Kunstdingen was zu ›verstehen‹ oder, sagen wir, jedenfalls wirkliche Freude zu haben. Sie ist etwas akademisch in der Betrachtung; und das langweilt auf die Dauer.

103. Karl Scheffler (1869 – 1951) war – neben Julius Meyer-Graefe (1867 – 1935) – führender Kunstkritiker seiner Zeit. Wilhelm Worringer (1881 – 1965) hatte mit seinen Deutungen der Kunst (zum Beispiel in *Abstraktion und Einfühlung,* 1908) großen Einfluss.

Montag den 26. S. Ignatio[104], ähnlich wie Gesu und SS. Apostoli. Museo Kircherian[105], man kann sich jetzt keine so fernliegenden Sachen ansehen; man wird hier immer spezialisierter, so bin ich augenblicklich mit meinen ganzen Gedanken bei der frühchristlichen Kunst, von den Katakomben bis zu den Mosaiken hin, die ich genau studiere. Dann S. Maria in Via Lata[106] mit interessanter Krypta; SS. Cosmae Damiano[107] mit herrlichen Mosaiken und großer Unterkirche. Nachmittag Photographien gekauft, endlich nach drei Wochen mal wieder Post von zu Haus, mit Einlage von 50 Mark von Papas Genfer Reise. Das ist mir sehr angenehm, da ich auf diesem Punkt schlecht zu sprechen bin, und das schon seit Afrika her meine wunde Stelle ist.

Dienstag den 27.[108] Museo Baracco[109], eine ganze herrliche Sammlung, mit nur 2 Sälen, aber ausschließlich hervorragendsten

104. Kirche Sant'Ignazio, anlässlich der Heiligsprechung des Ignatius von Loyola vom Jesuiten Orazio Grassi erbaute Kirche, Grundsteinlegung 1626. Berühmt ist die vom Jesuiten Andrea Pozzo gemalte Scheinkuppel mit besonderer dreidimensionaler Wirkung.

105. Museum Kircherianum, nach dem ersten Kustos Athanasius Kircher SJ (1602–1680) benannte Sammlung christlicher Archäologie, enthielt u. a. das sog.»Spottkruzifix«, eine Darstellung des Gekreuzigten mit Eselskopf. Die Bestände des 1915 aufgelösten Museums wurden auf diverse römische Museen verteilt.

106. Santa Maria in Via Lata, in der Via del Corso (ehemalige Via Lata), erbaut im 6. Jh. (Unterkirche), Neubau im 11. Jh. und im 15./16. Jh., Fassade und Innenraumneugestaltung im 17. Jh.

107. Die Basilika Santi Cosma e Damiano entstand im 6. Jh. durch Umwidmung römischer Bauten, die Theoderich und Amalasuntha Papst Felix IV. übergeben hatten, der die Kirche den beiden heiligen Ärzten weihte; sie bildet damit den Kontrapunkt zum Tempel der Dioskuren gegenüber, auf dem Forum, neben der Basilica Julia.

108. Vgl. den Brief an die Eltern vom 27. Mai (auf der folgenden Seite) und den Brief an Hans von Dohnanyi von Ende Mai 1924 (s. S. 98 f.).

109. Kleiner Bau in Form eines ionischen Tempels zur Aufnahme der von Giovanni Baracco der Kommune übergebenen Sammlung ägyptischer, babylonischer, assyrischer, griechischer und etruskischer Kunst, eröffnet 1905.

Werken. Man kann hier wirklich nichts Einzelnes nennen, an jedem konnte man sich lange Zeit erfreuen und studieren.

Brief an die Eltern.

Roma, den 27. Mai 1924

Liebe Eltern!
Vielen Dank für Euren Brief vom 23. V. Auch Klausens Brief habe ich bekommen. Dir, lieber Papa, danke ich sehr für den Genfer Gruß, der mich sehr erfreute; es gibt hier so viele hübsche Sachen, an denen man so ungern vorbeiläuft, besonders sind es die Photographien und Reproduktionen von Bildern, die einen immer verlocken. Ich glaube auch, daß, wie Du und Onkel Hans meinen, es richtig ist, wenn ich mich am 15. Juni noch immatrikulieren lasse und die letzten 6–7 Wochen noch höre; denn so verlockend es natürlich wäre, noch hier zu bleiben, so glaube ich doch, daß, wenn ich es noch täte, ich schließlich auch hier immer mehr ins Zimmer gedrängt werden würde; denn man möchte die unendliche Fülle von Anregungen nun etwas einordnen und dem einzelnen mehr nachgehen, oft ganz spezielle Gebiete arbeiten, was vielleicht doch jetzt in dem Maße noch nicht so viel Sinn haben würde, wo mir auch noch viel Allgemeineres fehlt. Ich würde gern in Berlin Vorlesungen hören, die in näherer Berührung mit diesen Gebieten stehen und glaube, daß das für mich endgültig vielleicht doch mehr Sinn hat; so viel schöner es natürlich ist, die Anschauung immer daneben zu haben, wie es hier eben ist. Mir ist in den Wochen hier so vieles aufgefallen, was ich noch viel allgemeiner studieren möchte, wozu ich vielleicht hier doch nicht so käme und so freue ich mich doch wieder sehr auf Berlin. Ich bin jetzt täglich in irgendeiner alten Basilika, deren Kuppeln[110] meist hochinteressante Mosaiken haben. Heute war ich wieder mal in den Katakomben und gerade in ganz besonders interessanten. Es wäre allein des-

110. Gemeint sind wohl Apsiden.

wegen reizvoll, lange Zeit hier zu studieren, denn die christli-
chen Bilder sind wunderbare Erkenntnisquellen für die Dog-
matik und Religionsgeschichte, besonders eben gerade dieser
ältesten Zeit bis zum Übergang der Mosaiken in den byzan-
tinischen Stil, etwa im 7. Jahrhundert. Ich möchte auf mei-
ner Rückreise noch 2–3 Tage in Florenz Aufenthalt machen,
über das meine Fahrt ja geht, und dann von Horb aus noch
auf 1–2 Tage nach Tübingen, von wo man mich immer wie-
der eingeladen hat. Am 14. würde ich dann in Berlin ankom-
men, und am 15. zur Immatrikulation gehen. Morgen gehe
ich nach Tivoli, übermorgen ist Himmelfahrt, wo in St. Peter
ein schöner Gottesdienst sein wird. Freitag hoffe ich nun end-
lich den Papst zu sehen, der hoffentlich wieder gesund sein
wird. Einen schönen Gruß den Geschwistern und Rüdigers.
Es soll mir doch mal jemand was von der Taufe erzählen.
Auch Hörnchens einen Gruß. In 3 Wochen kann ich Euch al-
les ausführlich berichten. Herzlich grüßt Euch
   Euer dankbarer Dietrich
   Klaus soll mir doch die Photographien aus Tripolis schi-
cken, sobald sie entwickelt sind. Ich bin sehr gespannt und
viele Leute wollen sie auch sehen.

Dann St. Peter. Nachmittag S. Pudenziana[111], mit sehr guten Mosaiken, besonders schön von außen, in ein altes römisches Haus eingebaut; dann S. Agnese fuori[112], die trotz vieler Restau-

---

111. Nach der Legende die älteste Kirche Roms; das Apsismosaik (4. Jh.) zählt zu den bedeutendsten Dokumenten frühchristlicher Bildkunst.

112. Sant'Agnese fuori le Mura, von Constantina, Tochter Konstantins d. Gr., zu Ehren der hl. Agnes gestiftete Kirche; der Neubau von Honorius I. (625–638) über dem Grab der hl. Agnes wurde von Giuliano della Rovere 1479 und zuletzt von Pius IX. 1856 restauriert. Das von Papst Honorius I. in Auftrag gegebene Apsismosaik zeigt die hl. Agnes zwischen den Päpsten Honorius I. und Symmachus. Unter der Kirche Katakomben aus dem 3. und 4. Jh.

rierungen einen relativ stilreinen Eindruck macht. Katakomben sehr interessant, u. a. Madonnenbild ohne Heiligenschein, mit EB ⊕ über dem Kopf. S. Constanza[113]: architektonisch ist der Rundbau nicht so interessant wie St. Stephano Rotondo. Aber die Mosaiken sind charakteristisch für antike Technik in christlicher Kunst, schöne Ornamente, doch schon Beweis für das Ende dieser Kunst (4. Jh.).

Mittwoch den 28. St. Paschala[114], nur architektonisch interessant, Pfeiler mit Bögen als Unterbrechung der Säulen. Mosaiken (nach der Apokalypse) nicht besonders. Lateranmuseum: nur christlicher Teil, mit hochinteressanten Stücken: wenn ich doch Zeit hätte, viel über frühchristliche Kunst zu arbeiten, zu religionsgeschichtlichen Erkenntnissen und überhaupt dem geistesgeschichtlichhistorischen Verständnis. Es ist doch eine merkwürdige Tatsache, daß es scheint, als beginne tatsächlich mit dem Christentum eine ganz neue Geistesgeschichte, die von neuesten Anfängen beginnen muß, ohne von römisch-griechischer Kultur auch das Geringste übernehmen zu können; denn was künstlerisch übernommen wurde, war nicht von Dauer (Sarkophage – Katakomben). Scala santa[115] mit

Die Scala Santa ist die Treppe, auf der Jesus vor Pilatus geführt wurde. Die Gläubigen erklimmen die Treppe auf den Knien.

113. Mausoleo di Santa Costanza, errichtet im 4. Jh. von Costantina, Tochter Konstantin d. Gr., Grablege auch für Helena, eine weitere Tochter Konstantins. Besonders kostbar sind die (weitgehend rekonstruierten) Mosaiken aus dem 4. Jh.

114. B. meint die Basilika Santa Prassede, die von Paschalis I. (817–824) auf einer Vorgängerkirche des 5. Jh. neu errichtet wurde; sie ist der hl. Praxedis geweiht, der Legende zufolge eine Schwester der hl. Pudentiana.

115. Aufgang zu San Lorenzo in Palatio ad Sancta Sanctorum, errichtet im Auftrag von Sixtus V. als Zugang zur päpstlichen Hauskapelle Sancta Sanctorum. Die Scala Santa ist der Legende zufolge die Treppe, über die Jesus im Praetorium von Jerusalem zu Pontius Pilatus hinaufgeschritten ist.

111

Roma – Terme di Caracalla. Bagni caldi

Die Caracalla-Thermen wurden 216 von Kaiser Caracalla eröffnet.

vielen Gläubigen. Thermen des Caracalla. Nachmittag von St. Paolo Abschied genommen mit mancherlei Gedanken. In den Thermen konnte ich, wie es mir überhaupt mit den antiken Gebäuden hier fast immer und besonders in der letzten Zeit ergangen ist, das Ganze wieder nicht historisch-kunstverständig, sondern mehr, sentimentalisch[116] genießen, ohne dabei den künstlerischen Eindruck leugnen zu wollen. – Eben einen Brief von Sabine, der mir Geld ankündigt; abends noch Prof. Mingazzini[117] besucht. Himmelfahrt. Morgens in St. Peter in der Messe, die an einem Steinaltar ohne große Feierlichkeit verlief. Danach Verlesung der Jubeljahresbulle und Festsetzung des Termins der Öffnung der Porta santa durch den Kardinalstaatssekretär vor der Mitteltür von St. Peter. Nachmittag St. Maria in Trastevere[118] mit einem besonders schönen Bellini und Perugino, auch gute Mosaiken aus dem 12. und weniger gute aus dem 14. Jahrhundert. Der Bau macht im Ganzen einen alten, nicht schlecht renovierten Eindruck.

116. Vgl. Friedrich Schiller, Über naive und sentimentalische Dichtung, in: Sämtliche Werke V, S. 694–780, bes. 716 ff.; allerdings meint Schiller mit »sentimentaler« Dichtung nicht die vom unmittelbaren Gefühl, sondern von reflektierender Empfindung getragene Kunst.

117. Giovanni Mingazzini (1859–1929), zu seiner Zeit führender italienischer Neurologe, Leiter der Klinik für Geistes- und Nervenkrankheiten in Rom. B. kannte ihn wahrscheinlich über seinen Vater Karl B., Ordinarius für Psychiatrie und Neurologie an der Berliner Charité.

118. Älteste Marienkirche Roms, mit Anfängen im 3. Jh.; Neubau im 12. Jh.

Taufe in einer kleinen Sekte[119] mit gutem Chorgesang (– St. Cecilia[120] nicht schön. –). Vielleicht hätte der Protestantismus nie landeskirchliche Absichten haben sollen, sondern große Sekte bleiben, die es immer einfacher haben, und wäre so vielleicht nicht [in] der jetzigen Kalamität. Eine Landeskirche glaubt eine solche Ausbreitungsfähigkeit zu haben, daß sie allen etwas geben kann; daß es damals der Protestantismus bei seiner Entstehung konnte, lag wohl zum wesentlichen mit an der politischen Wendung der Fragen, die heute ja nicht mehr zur Diskussion steht; und so hat, je mehr sich die politischen Verhältnisse änderten, seine Fesselungskraft bei der Menge abgenommen, bis zuletzt sich unter dem Namen ›Protestantismus‹ vieles versteckt, was man offen und ehrlich nur Materialismus nennen kann, d. h. nur noch die Möglichkeit des Freidenkertums am Protestantismus geschätzt und beachtet wird, was bei den Reformatoren in sehr anderm Sinne gemeint war. Nun wo die offiziellen Bande des Staates und der Kirche gefallen sind, steht die Kirche vor der Wahrheit: sie war allzu lange das Asyl für obdachlose Geister gewesen, die Herberge der ungebildeten Aufklärung. Wäre sie nie Landeskirche geworden, läge die Sache weit anders: sie hätte noch immer eine nicht geringe Zahl begeisterte Anhänger, wäre kaum in Anbetracht ihrer Größe als Sekte zu bezeichnen und stellte ein außergewöhnliches Phänomen religiösen Lebens und ernster tiefsinnigster Frömmigkeit dar, wäre also das Ideal der heute so vielfach gesuchten Religionsform. Denn nicht der Inhalt des Reformationsevangeliums stößt so ab, sondern die Form, in der man noch immer zu verstaatlichen sucht. Es wäre die Kirche geworden im Sinne der Reformatoren, die sie jetzt nicht mehr ist. Vielleicht liegt hier ein

119. B. bezieht sich auf eine Erwachsenentaufe in der Baptisten-Kirche in Trastevere in der Via della Lungaretta 124 (vgl. Einführung, S. 27). Der Ausdruck »Sekte« ist wahrscheinlich im Sinn von E. Troeltsch, Die Soziallehren der christlichen Kirchen und Gruppen, 1922, zu verstehen und meint eine Freikirche.

120. Ebenfalls in Trastevere, erste Basilika aus dem 5. Jh., mehrmals umgebaut, mit Mosaiken aus dem 9. Jh.

Weg zur Abhilfe der schrecklichen Not der Kirche, sie muß sich beginnen zu beschränken und Auswahlen zu treffen in jeder Beziehung, besonders im Material der geistlichen Erzieher und des Stoffes. Und sich jedenfalls, so bald wie möglich, ganz vom Staat trennen, vielleicht sogar mit Aufgabe des Rechtes des Religionsunterricht[s]. Nicht lange wird es dauern, so kommen die Leute zurück, denn sie müssen etwas haben, und mit neuem Frömmigkeitsbedürfnis. Ob es eine Lösungsmöglichkeit ist? oder nicht? überhaupt alles ausgespielt ist? Und binnen kurzem in den Schoß der ›Alleinseligmachenden‹ unter dem Schein der Verbrüderung zurückkehrt? Man möchte es schon wissen. – Übermorgen habe ich Papstaudienz, morgen geht es nach Tivoli, wo ich neulich wegen schlechten Wetters nicht hinkam. Nur noch 4 volle Tage hier, es [ist] nicht zum Ausdenken, wenn ich zum letztenmal aus St. Peter muß und vom Pincio zum allerletztenmal zu ihm hinüberblicke. – Mein Soldo in der Fontana Trevi soll seine Macht zeigen, und ich glaube, es wird ihm gelingen! Freitag. Tivoli, Villa d'Este, Cascata, Villa Adriana.[121]

Samstag: Papstaudienz, große Erwartungen getäuscht. Es war ziemlich unpersönlich und kühl feierlich. Der Papst[122] machte einen ziemlich gleichgültigen Eindruck; es fehlt ihm überhaupt alles ›Päpstliche‹, jede Grandezza und jedes hervorragende Moment. Schade, daß das so wirkte! – Nachmittag Pincio.

121. Tivoli, 25 km östlich von Rom; in der Nähe Villa Adriana, Ruinen des Landsitzes von Kaiser Hadrian (117 – 138). Vgl. auch die Postkarte an die Eltern vom 31. Mai 1924 (siehe S. 115).

122. Pius XI. (geb. 1857, Papst von 1922 – 1939).

Ansichtskarte aus Rom (Tivoli-Secatelle) an die Eltern; Poststempel: 31. Mai 1924.

Liebe Eltern!
Heute war ich den Tag über in Tivoli, da nach 2 Regentagen wieder herrlichstes Wetter ist. Augenblicklich erwarte ich den Zug nach Rom. – Morgen gehe ich nun wirklich zum Papst um ½ 12 Uhr mittags. – Bei Mingazzini war ich übrigens; ich vergaß es, glaube ich, zu schreiben. Er will Dir, Papa, selbst noch schreiben. Nach der Papstaudienz schreibe ich mehr.
Herzlichen Gruß Euer dankbarer
Dietrich

Sonntag. St. Peter. Verfassungsfest[123]; Pontificale am päpstlichen Altar. Sixtinische Kapelle. Nachmittags wieder St. Peter: das große Te deum. Ich hatte es immer gehofft, in St. Peter noch einmal etwas Schönes zu erleben. Aber so habe ich es mir nicht erträumt, der Chor sang engelhaft, überirdisch schön, und als Gegenstrophe die ganze Gemeinde von St. Peter. Es war ein

---

123. Nationalfeiertag am 1. Sonntag im Juni, zum Gedenken der Einheit Italiens und der Verfassung durch königliches Dekret am 5. Mai 1861 eingeführt.

Piazza Termini und Via Nazionale.

ungeheurer Eindruck. Noch einmal zum Schluß sah ich, was Katholizismus ist, und gewann ihn wieder herzlich lieb. Montag, der letzte Tag in Rom. Vormittag Galleria Corsini[124] und Grotten in St. Peter. Nachmittags Spaziergang durch die ganze Stadt, dann übers Pantheon zur Fontana Trevi zur Entrichtung des Obolus. Noch ein Glas vino dolce, dann zu Maria Weigert. Abrechnung und zuletzt noch einmal Pincio.

Dann nach Haus ins Bett. – Ich muß sagen, mir ist der Abschied selbst leichter geworden als der Gedanke daran, er gelang mir von den meisten Dingen ohne Sentimentalität. Als ich aber zum letztenmal St. Peter sah, da wurde es mir etwas schmerzlich ums Herz und ich stieg schnell in die Elektrische und machte mich davon. Dienstag: Rückfahrt. Zuerst nach Siena. Auf der Bahn einen netten deutschen Bankbeamten kennengelernt. Ich kam um ½ 2 Uhr mittags an und wohne sehr feudal in der »Scala«[125]. Aber einmal, wenns grade erschwinglich ist, leistet man sich eben so was.

---

124. Palazzo Corsini, erbaut im 16. Jh., Sitz der Accademia Nazionale di Lincei und der Galleria Nazionale d'Arte Antica.

125. Hotel La Scala, an der Piazza Giovanni 3. Preis für eine Nacht laut *Baedeker* 5 – 8 Franken.

Ansichtskarte aus Siena (Blick auf Siena von San Domenico aus); Poststempel: 4. Juni 1924.

Lieber Klaus.

Schönen Dank für den Brief und Inhalt. Den meinen wirst Du inzwischen haben. Hier bin ich auf meiner Reise nach Florenz ausgestiegen, es ist zauberhaft schön; rein erhaltene Frührenaissancebauten, Kirchen, Paläste. In der ganzen Stadt kaum ein modernes Haus. Morgen nach Florenz, dann Montag nach Mailand usw.

Grüß alles schön. Es grüßt dich
Dein Dietrich

Mittwoch[126]: Ich habe wohl nie eine so liebenswürdige Stadt an Landschaft und Bewohnern kennen gelernt, wie Siena. Derselbe zarte, liebliche Reiz, der sich in den Bildern eines Buoninsegna und Lippi[127] kaum ausspricht, ist im Ganzen geblieben. Die Stadt liegt in der üppigsten Umgebung in hügligem Lande; tritt man auf die Straße und schaut aus dem Fenster, so glaubt man sich um

126. Vgl. die Postkarte an den Bruder Klaus vom 4. Juni 1924 (auf dieser Seite).

127. Duccio di Buoninsegna (1255 – 1318) und Filippo Lippi (1406 – 1469).

Jahrhunderte versetzt. Der Turm des Palazzo Publico[128] und der hochgelegene Dom sind schon von fern Charakteristika der Stadt. Es ist mir ein seltsamer Genuß, wieder Gotik, wenn auch stark mit Renaissance vermischt, genießen zu können. Man kommt nach Norden! –

Ansichtskarte aus Florenz (Blick von San Lorenzo auf den Dom); Poststempel: 6. Juni 1924.

Liebe Eltern.
Ich bin ja nun schon sehr auf der Rückreise, aber Italien bleibt scheints schön bis zum letzten Augenblick. Schon in Siena war es herrlich; nun aber erst hier ist es einfach unerschöpflich, die Kirchen, Paläste, Galerien; man muß nur die Auswahl treffen, was oft sicher schwer ist. Vielmals grüßt Euch
Euer dankbarer Dietrich

---

128. Erbaut nach Entwürfen von Pisano. Der Palazzo Pubblico wurde 1297 – 1310 errichtet, dessen Torre del Mangia, 102 m hoch, 1325-1344.

Der Campo ist ein sehr großzügig angelegter Platz; durch die Einsenkung kommt der Palazzo Publico zu bedeutender Wirkung. Das Museum ist vielleicht eine Spur ermüdend, weil es zu viele Wiederholungen bringt. Immerhin wird einem hier so der charakteristisch sienesische Stil klar, am deutlichsten durch Buoninsegna und Guido da Siena[129] dargestellt. Hervorragend sind die Werke von Sodoma[130], von dem in Rom in S. Maria della Pace ein gutes Werk hängt, besonders in dem Oratorio Bernardino, das vielleicht die größten malerischen Genüsse bietet. Heute nachmittag machte ich einen Spaziergang in die reizende Umgebung der Stadt, nicht selten

Siena: Via di Città und Palazzo Chigi Saracini.

wurde ich an Württemberg erinnert. Wie dort, so besitzen auch hier die Leute eine unglaublich natürliche Liebenswürdigkeit, und zum erstenmal fühlt man sich wieder etwas befreit von der Geldhascherei im Süden. Für einen freundlichen Gruß sind die Leute so dankbar, daß sie einem gern einen kleinen Dienst tun. Ich zähle hier nicht die Einzelheiten auf, die ich gesehen habe, besonders interessierte mich noch der Palazzo Sarasani[131], ein Renaissancewerk. Morgen früh um 8 ½ Uhr nach Florenz.[132]

129. Guido da Siena (13. Jh.) zählt zu den bedeutendsten Meistern aus der Frühzeit der Sieneser Malerei.

130. Giovanni Antonio Bazzi (bzw. de' Bazzi), genannt Il Sodoma (1477, Vercelli – 1549, Siena).

131. Gemeint ist wahrscheinlich der Palazzo Chigi Saracini.

132. Vgl. die Postkarte an die Eltern vom 6. Juni 1924 (s. S. 118).

Lebenslauf

4. Februar 1906:	Geboren in Breslau
1923 bis 1927:	Studium der Evangelischen Theologie in Tübingen, Rom und Berlin, anschließend Promotion und Habilitation (1930)
1928 bis 1929:	Vikariat in Barcelona
1930 bis 1931:	Studienjahr in New York
1931:	Privatdozent und Studentenpfarrer in Berlin
1933:	Beginn der kirchlichen Oppositionsarbeit, Auslandspfarrer in London
1935:	Übernahme eines illegalen Predigerseminars in Finkenwalde
1937:	Polizeiliche Schließung des Predigerseminars, illegale Weiterarbeit
1939:	Reise nach New York, Rückkehr nach Berlin vor Kriegsbeginn
1940 bis 1942:	Einsatz als V-Mann für den Widerstand, Reisen in die Schweiz, nach Norwegen, Schweden und Italien
Januar 1943:	Verlobung mit Maria von Wedemeyer
5. April 1943:	Verhaftung und Einlieferung in das Gefängnis Berlin-Tegel
8. Oktober 1944:	Verlegung in das Hauptgefängnis der Gestapo
7. Februar 1945:	Deportation in das Konzentrationslager Buchenwald
5. April 1945:	Hitler fordert den Tod Bonhoeffers
8. April 1945:	Deportation in das Konzentrationslager Flossenbürg
9. April 1945:	Vollstreckung des Todesurteils

Quellen

DB   Eberhard Bethge: Dietrich Bonhoeffer. Theologe – Christ –
        Zeitgenosse. Eine Biographie, 9. Auflage, Gütersloher Verlags-
        haus, Gütersloh, in der Verlagsgruppe Random House GmbH,
        München 2005

DBW 8   Widerstand und Ergebung (Dietrich Bonhoeffer Werke, Band
        8), hg. von Eberhard Bethge, Renate Bethge und Christian
        Gremmels, Chr. Kaiser/Gütersloher Verlagshaus, Gütersloh,
        in der Verlagsgruppe Random House GmbH, München 1998

DBW 9   Jugend und Studium 1918 – 1927 (Dietrich Bonhoeffer Werke,
        Band 9), hg. von Hans Pfeifer in Zusammenarbeit mit Clifford
        Green und Carl-Jürgen Kaltenborn, 2., durchgeseh. und ak-
        tual. Aufl., Chr. Kaiser/Gütersloher Verlagshaus, Gütersloh, in
        der Verlagsgruppe Random House GmbH, München 2005

DBW 10 Barcelona, Berlin, Amerika 1928 – 1931 (Dietrich Bonhoeffer
        Werke, Band 10), hg. von Reinhart Staats und Hans Christoph
        von Hase in Zusammenarbeit mit Holger Roggelin und Mat-
        thias Wünsche, 2., durchgeseh. und aktual. Aufl., Chr. Kaiser/
        Gütersloher Verlagshaus, Gütersloh, in der Verlagsgruppe
        Random House GmbH, München 2005

DBW 14 Illegale Theologenausbildung: Finkenwalde 1935 – 1937 (Diet-
        rich Bonhoeffer Werke, Band 14), hg. von Otto Dudzus und
        Jürgen Henkys in Zusammenarbeit mit Sabine Bobert-Stützel,
        Dirk Schulz und Ilse Tödt, Chr. Kaiser/Gütersloher Verlags-
        haus, Gütersloh, in der Verlagsgruppe Random House GmbH,
        München 1996

DBW 16 Konspiration und Haft 1940 – 1945 (Dietrich Bonhoeffer
        Werke, Band 16), hg. von Jørgen Glenthøj, Ulrich Kabitz und
        Wolf Krötke, Chr. Kaiser/Gütersloher Verlagshaus, Gütersloh,
        in der Verlagsgruppe Random House GmbH, München 1996

Bibliografische Information der Deutschen Nationalbibliothek
Die Deutsche Nationalbibliothek verzeichnet diese Publikation
in der Deutschen Nationalbibliografie; detaillierte bibliografische
Daten sind im Internet über https://portal.dnb.de abrufbar.

Verlagsgruppe Random House FSC-DEU-0100
Das für dieses Buch verwendete FSC°-zertifizierte
Papier *Primaset* liefert Grycksbo Paper AB, Schweden.

Titel der Originalausgabe:
Dietrich Bonhoeffer: Viaggio in Italia (1924). A cura di Manuel Kromer
introduzione di Fulvio Ferrario, Claudiana editrice, Torino 2010.

Die Einleitung und die Fußnoten wurden aus dem Italienischen übersetzt von
Karl Pichler. Die Tagebuchtexte sind entnommen aus: Dietrich Bonhoffer Werke,
Band 9: Jugend und Studium 1918 – 1927, hg. von Hans Pfeifer in Zusammenarbeit
mit Clifford Green und Carl-Jürgen Kaltenborn, 2., durchgesehene und aktu-
alisierte Auflage, © Gütersloher Verlagshaus, Gütersloh, in der Verlagsgruppe
Random House GmbH, München 2005.

1. Auflage
Copyright © 2012 by Gütersloher Verlagshaus, Gütersloh,
in der Verlagsgruppe Random House GmbH, München

Satz: Buch-Werkstatt GmbH, Bad Aibling
Druck und Bindung: Těšínska tiskárna a.s., Česky Těšín
Printed in Czech Republic
ISBN 978-3-579-07144-2

www.gtvh.de